Cecilia Fasth · Anita Kannermark

Form i fokus

ÖVNINGSBOK I SVENSK GRAMMATIK   Del A

FOLKUNIVERSITETETS FÖRLAG

Folkuniversitetets förlag
Magle Lilla Kyrkogata 4
223 51 Lund

Tel. 046-14 87 20
Fax 046-13 29 04
info@folkuniversitetetsforlag.se
www.folkuniversitetetsforlag.se

Kopieringsförbud

Detta verk är skyddat av lagen om upphovsrätt. Vid tillämpning av skolkopieringsavtalet (även kallat BONUS-avtalet) är detta verk att se som ett *engångsmaterial*. Engångsmaterial får enligt avtalet över huvud taget inte kopieras för undervisningsändamål.

Kopiering för undervisningsändamål av denna bok är således helt förbjuden.

Utan tillåtelse av förlaget kommer kopiering utöver avtalet att innebära ett *otillåtet mångfaldigande*. Ett sådant intrång medför straffansvar och kommer att ge upphov till skadeståndsskyldighet enligt 53 och 54 §§ lag (1960:729) om upphovsrätt till litterära och konstnärliga verk.

Granskare: Anita Andersson

Teckningar: Marie Söderman
Omslag: John Wasden
Omslagsillustration: Daniel Perry

Första upplagan

© 1996 Cecilia Fasth, Anita Kannermark och Folkuniversitetets förlag, Lund
Tryckt hos Elanders Sverige AB, Malmö 2008
ISBN 978-91-7434-397-7

Till Dig som ska använda Form i fokus Del A

Form i fokus Del A är en övningsbok för dig
– som nyligen har börjat studera svenska
– som redan kan lite svenska men som vill få ordning på grammatiken
– som vill ha en ordentlig repetition av grunderna i svensk grammatik på nybörjarnivå.

Form i fokus Del A är i första hand avsedd för lärarledd undervisning, men boken kan också passa dig som studerar på egen hand. *Facit* finns till de flesta övningarna.

I boken presenterar vi ordklasserna och ordföljden i svenskan.

Till varje ordklass finns
– en definition
– en översikt
– regler
– typexempel
– övningar

Till ordföljden finns

– översikter
– regler
– typexempel
– övningar

Vi ger här ett förslag på hur du själv kan arbeta med boken om du inte kan så mycket svenska. Skaffa dig först en överblick över alla ordklasserna och ordföljden genom att läsa igenom de första sidorna i varje avsnitt (markerade med en blå rand i marginalen):

Ordklasser	7	Adjektiv	159
Satsdelar	8	Adverb	195
Substantiv	9	Konjunktioner	211
Räkneord	55	Prepositioner	227–229
Verb	65–66	Ordföljd	239
Pronomen	119–120		

Därefter kan du öva varje avsnitt för sig och jämföra med facit. Datorstödet kan användas om du vill öva mer på ett grammatiskt moment eller om du vill testa dina förkunskaper.

Du kan läsa i följande ordning:

Avsnitt	Sida	Grammatik	Nu kan du:
Substantiv	10–47	formträning	känna igen och bilda olika former av substantiven.
Verb	67–74	formträning	känna igen och bilda olika verbformer.
Pronomen	121–137	personliga, reflexiva, possessiva	de vanligaste pronomenen.
	150–155	interrogativa	ställa vanliga frågor.
Adverb	196–200	frågande adverb	ställa fler frågor.
	208–210	satsadverb	placera satsadverb på rätt plats i huvudsats och bisats.

Ordföljd	240–249	huvudsats	bilda olika huvudsatser (påståenden, frågor och uppmaningar).
Räkneord	56–64	grundtal och ordningstal	uppfatta och ge priser, telefonnummer, datum, m.m.
Adjektiv	161–176	obestämd form singular och plural	beskriva och ge information om personer och saker.
Konjunktioner	212–226	samordnande och underordnande	binda ihop olika satser.
Verb	75–96	användning av tempus	uttrycka *när* något händer.
Ordföljd	250–255	bisatser	använda ett mer varierat språk.
Prepositioner	230–238	rums- och tidsprepositioner	ange plats och tid med hjälp av prepositioner.

Efter detta kan du repetera alla översikter och göra resten av övningarna.

Ett gott råd: Försök alltid testa dina nya kunskaper i praktiken! De skriftliga övningarna i denna bok är bara "en bro" till muntlig och skriftlig kommunikation. Det gör inte så mycket om det blir fel i början. Det viktiga är då att andra förstår vad du menar. Efter en tid hör och ser du själv felen och börjar korrigera dem. Då är du på god väg till ett korrekt språk.

Efter att ha gått igenom *Form i fokus Del A* har du fått goda grunder i svensk grammatik och förhoppningsvis en vilja att veta mer om hur det svenska språket är uppbyggt.

Lycka till med studierna!

Författarna

Innehåll

ORDKLASSER 7

SATSDELAR 8

SUBSTANTIV 9
- 1 Singular 10
- 2–4 Bestämd form singular 11
- 5 Obestämd form singular 16
- 6 Bestämd form singular 17
- 7 Singular (speciella former) 18
- 8 Obestämd och bestämd form singular 19
- 9 Obestämd form singular 23
- 10 Bestämd form singular 24
- 11 Plural 26
- 12 Plural – grupp 1 27
- 13 Plural – grupp 2 28
- 14 Plural – grupp 3 30
- 15 Plural – grupp 4 32
- 16 Plural – grupp 5 33
- 17–19 Obestämd form plural 36
- 20–23 Bestämd form plural 41
- 24 Genitiv 45
- 25 Sök substantiv 46
- 26 Något om användningen av obestämd och bestämd form 48
- 27 Användning av substantivets former 50
- 28 Obestämd och bestämd form 53

RÄKNEORD 55
- 1 Grundtal 56
- 2 Grundtal (addition, subtraktion, multiplikation, division) 57
- 3 Grundtal (priser) 58
- 4 Grundtal (telefon-, post- och personnummer, år, officiella tider m.m.) 59
- 5 Substantiverade räkneord (1–12) 62
- 6 Ordningstal (datum) 64

VERB 65
- 1 Verb – grupp 1 67
- 2 Verb – grupp 2 68
- 3 Verb – grupp 3 71
- 4 Verb – grupp 4 72
- 5–6 Presenssystemet 75
- 7 Perfekt 78
- 8 Perfekt – presens 80
- 9 Perfekt 82
- 10 Perfekt, presens eller futurum? 83
- 11 Futurum 85
- 12 Berätta! Vad gör du en vanlig dag? 88
- 13–14 Preteritumsystemet 89
- 15 Pluskvamperfekt, preteritum eller futurum preteritum? 92
- 16–17 Perfekt – preteritum 95
- 18 Imperativ 97
- 19 Berätta! Vad gjorde du förra veckan? 98
- 20 Huvudverb och hjälpverb 99
- 21 Något om användningen av hjälpverb 100
- 22–24 Hjälpverb med infinitiv 101
- 25 Från presens till preteritum 106
- 26–28 Kortsvar 108
- 29 Rätt verbform 112
- 30 Finn femton fel! 115
- 31 Sök verb 116

PRONOMEN 119
- 1 Personliga pronomen 121
- 2–3 Personliga pronomen – subjekt 122
- 4 Personliga pronomen – objekt 125
- 5–6 Personliga pronomen – subjekt/objekt 127
- 7–9 Reflexiva pronomen 130
- 10–12 Possessiva pronomen 134
- 13–15 Reflexiva possessiva pronomen 138
- 16 Lucktext (pronomen) 143
- 17 Indefinita pronomen 145
- 18 Indefinita pronomen (förenade – någon) 146
- 19 Indefinita pronomen (självständiga – någon) 147
- 20 Indefinita pronomen (förenade – ingen) 148
- 21 Indefinita pronomen (självständiga – ingen) 149
- 22 Interrogativa pronomen 150
- 23 Interrogativa pronomen (självständiga) 151
- 24 Interrogativa pronomen (förenade) 152
- 25 Interrogativa pronomen (vad ... för) 153
- 26–27 Interrogativa pronomen 154
- 28–29 Relativa pronomen 156

ADJEKTIV 159
- Några exempel på adjektiv 160
- 1–5 Obestämd form 161
- 6–7 Adjektiv med speciella former 167
- 8–10 Obestämd form 171
- 11 Bestämd form 177
- 12 Obestämd och bestämd form 178
- 13 Adjektivets komparation 182
- 14 Adjektivets komparation – grupp 1 183
- 15 Adjektivets komparation – grupp 2 184
- 16 Adjektivets komparation – grupp 3 185
- 17 Komparativ – motsatser 186
- 18 Superlativ 187
- 19 Komparativ och superlativ – motsatser 188
- 20 Komparativ eller superlativ? 190
- 21 Annat sätt att uttrycka jämförelse 191
- 22 Sök adjektiv i texten 192

ADVERB 195
- 1–3 Frågande adverb *196*
- 4–5 Tidsadverb *201*
- 6–7 Rumsadverb *204*
- 8–9 Satsadverb *208*

KONJUNKTIONER 211
- 1–4 Samordnande konjunktioner *212*
- 5–8 Underordnande konjunktioner *218*
- 9 Sök konjunktioner *226*

PREPOSITIONER *227*
- 1 Några rumsprepositioner *230*
- 2 Tidsprepositioner *234*
- 3–5 Tidsuttryck *235*

ORDFÖLJD *239*
- 1 Huvudsatser (påståenden) *240*
- 2 Huvudsatser (frågor) *243*
- 3 Huvudsatser (uppmaningar) *246*
- 4–5 Huvudsatser *247*
- 6–7 Bisatser *250*
- 8 Relativa bisatser *253*
- 9 Bisatser (indirekt tal) *255*
- 10 Bisatser + huvudsatser *256*
- 11–12 Huvudsatser och bisatser *258*
  Starka verb (efter avljudsserier) *261*
  Oregelbundna verb *263*

ORDKLASSER

Varje ord tillhör en ordklass. Det finns nio ordklasser:

Substantiv	**Räkneord**	**Verb**
blomma	en/ett, två	köpa
torg	första, andra	studera
Lena		bo

Pronomen	**Adjektiv**	**Adverb**
jag, han, hon	röd, fin, vit	idag
min, hans, hennes	stor, liten	på torget
någon, ingen	finare, finast	inte, kanske

Konjunktioner	**Prepositioner**	**Interjektioner**
och, eller, men	på, i, till	Oj! Aj! Usch! Fy!
innan, medan	bakom, framför	Hej! Skål!

När man sätter ihop orden till en sats kallas de *satsdelar*.
Satsdelar: se s. 8!
En sats: se s. 239!

SATSDELAR

En sats kan ha bl.a. följande delar:

	Svarar på frågorna:	
Subjekt	– Vem? Vilka? – Vad?	**Lena** köper blommor på torget. **Väckarklockan** väcker mig.
Verb (predikat)		Lena **köper** blommor på torget. Väckarklockan **väcker** mig.
Objekt	– Vad? – Vem? Vilka? – Till, åt, för, från vem/vilka?	Lena köper **blommor** på torget. Väckarklockan väcker **mig**. Lena köper blommor **till Kalle**.
Predikats- fyllnad	– Vad? Vem? Vilka? Hur? efter vissa verb	Lena är **lärare**. Det är **Olle**. Pojken blev **sjuk** igår. Flickorna ser **trevliga** ut. Jag känner mig **pigg**.
Adverbial	– Var? – När? – Hur? – Varför? – Hur mycket/lite?	Lena köper blommor **på torget**. Lena köper blommor **idag**. Lena köper blommor **billigt**. Lena köper blommor **därför att Kalle fyller år**. Lena köper blommor **ganska** billigt.
Satsadverbial		Lena köper **inte** blommor på torget.

Varje satsdel kan innehålla flera ord:

Den snälla mannen	kunde	tyvärr inte	köpa	några vackra blommor	till sin älskade hustru	när hon fyllde år.
subjekt	*verb 1*	*satsadvl.*	*verb 2*	*objekt*	*objekt*	*tidsadverbial*

Konstruktion av olika satser: se s. 239!

SUBSTANTIV

Substantiv är ord för t.ex. personer, saker, djur, växter.

en flicka	två flickor
en bil	tre bilar
en katt	två katter
ett äpple	fyra äpplen
ett träd	två träd

Former

Substantivet har två former i singular och två former i plural (obestämd och bestämd form):

Singular		Plural	
Obestämd form	*Bestämd form*	*Obestämd form*	*Bestämd form*
en flicka	flickan	flickor	flickorna
en bil	bilen	bilar	bilarna
en katt	katten	katter	katterna
ett äpple	äpplet	äpplen	äpplena
ett träd	trädet	träd	träden

Den bestämda formen använder man när den som lyssnar vet vilken person eller sak talaren menar.

Vilket äpple? Det finns bara ett och lyssnaren vet exakt vilket äpple talaren menar.

Vilket äpple? Lyssnaren vet inte det. Det finns många äpplen att välja på. Det spelar ingen roll vilket äpple han eller hon tar.

SUBSTANTIV

1 Singular

Substantivet har en obestämd artikel, **en** eller **ett**.
Det finns många en-ord men inte så många ett-ord.

Den korta formen av substantivet (t.ex. *bil*) kallas **obestämd form**.

| en bil |
| en penna |

| ett hus |
| ett äpple |

Substantivet har också en bestämd slutartikel. Den sätter man i slutet på substantivet. Den långa formen av substantivet (t.ex. *bilen*) kallas **bestämd form**.

| en bil | bil**en** |
| en penna | penna**n** |

| ett hus | hus**et** |
| ett äpple | äpple**t** |

Bestämd form

Så här gör man den bestämda formen i singular:

en-ord på *konsonant*	bil	+ **en**	bilen
en-ord på *vokal*	penna	+ **n**	pennan
ett-ord på *konsonant*	hus	+ **et**	huset
ett-ord på *vokal*	äpple	+ **t**	äpplet

Den bestämda formen använder man när den som lyssnar vet vilken person eller sak talaren menar. Man använder ofta **han, hon, den** eller **det** när man fortsätter att tala om en person eller sak i singular.

Vilken penna? Lyssnaren vet vilken penna talaren menar. Det finns bara en.

Vilken penna? Lyssnaren vet inte det. Det finns många att välja på. Det spelar ingen roll vilken penna han eller hon lånar ut.

SUBSTANTIV

2 Bestämd form singular

Skriv den bestämda formen. Se exempel.

Obestämd form	Bestämd form	Obestämd form	Bestämd form
en bil	*bilen*	ett barn	
en buss		ett bord	
en hund		ett tak	
en katt		ett golv	
en dörr		ett brev	
en vägg		ett glas	
en stol		ett hus	
en bok		ett block	
en pärm		ett jobb	
en dag		ett år	
en elev		ett frimärke	
en tidning		ett arbete	
en blomma		ett radergummi	
en kvinna		ett häfte	
en lampa		ett kvitto	
en karta		ett område	
en kamera		ett piano	
en pojke		ett porto	
en bulle		ett foto	
en handske		ett äpple	
en bro		ett hjärta	
en fru		ett knä	
en lärare		ett meddelande	

© 1996 Fasth—Kannermark • *Kopiering förbjuden*

SUBSTANTIV

3 Bestämd form singular

Skriv något om substantiven. Använd den bestämda formen. Se exempel.
Information om substantiven finns.

(10.000:-)

Bilen kostar 10.000:-.

(vacker)

Blomman är vacker.

(Olle)

Pojken heter Olle.

(500.000:-)

Kvittot är på 10.000:-

(150:-)

(300:-)

(100:-)

(5:-)

(Sotis)

(Lena)

(3:-)

(5:-)

(15:-)

(3:-)

SUBSTANTIV

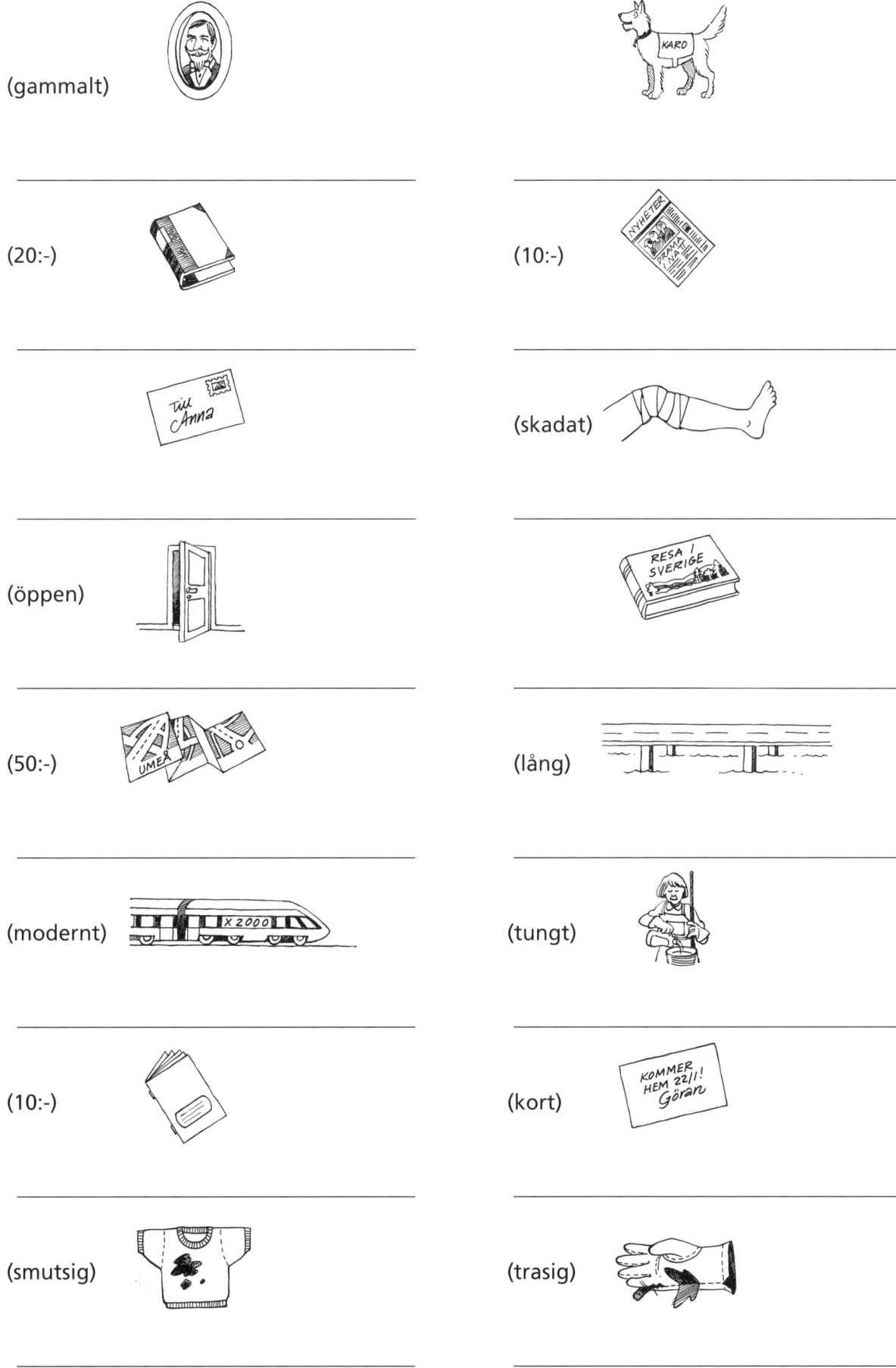

SUBSTANTIV

4 Bestämd form singular

SUBSTANTIV

Gör färdigt frågorna med hjälp av bilden och svara sedan på dem. Se exempel.
När man fortsätter att tala om en person eller sak använder man **han**, **hon**, **den**, **det**.

Om personer: *Maskulina substantiv* t.ex. pojke, man = **han**
 Feminina substantiv t.ex. flicka, kvinna = **hon**

Om saker: *En-ord* t.ex. bil, penna = **den**
 Ett-ord t.ex. brev, häfte = **det**

Var ligger (1) _boken_ ? _Den ligger på golvet._ (20)
Var ligger (23) _häftet_ ? _Det ligger i papperskorgen._ (5)
Var ligger (3) _____ ? _på_ (18)
Var ligger (4) _____ ? _i_ (6)
Var ligger (19) _____ ? _på_ (18)
Var ligger (11) _____ ? _på_ (20)

Var står (15) _____ ? _på_ (20)
Var står (17) _____ ? _på_ (18)
Var står (2) _____ ? _på_ (18)
Var står (6) _____ ? _på_ (20)
Var står (18) _____ ? _på_ (20)
Var står (7) _____ ? _på_ (20)
Var står (5) _____ ? _på_ (20)
Var står (13) _____ ? _på_ (20)

Var sitter (9) _____ ? _på_ (18)
Var sitter (16) _____ ? _på_ (7)
Var hänger (10) _____ ? _på_ (8)
Var hänger (14) _____ ? _i_ (21)

Var är (22) _____ ? _på_ (19)
Var är (12) _____ ? _i_ (5)

© 1996 Fasth—Kannermark • *Kopiering förbjuden*

SUBSTANTIV

5 Obestämd form singular

Skriv den obestämda formen. Se exempel.

	Obestämd form		Obestämd form
månaden	*en månad*	huset	
koppen		paketet	
båten		priset	
våningen		ordet	
familjen		brödet	
bollen		passet	
parken		trädet	
boken		huvudet	
armen		datumet	
foten		benet	
adressen		namnet	
veckan		frimärket	
soffan		kilot	
kronan		hektot	
kakan		ansiktet	
sidan		knät	
skolan		häftet	
pojken		kontot	
vanten		kvittot	
radion		portot	
teven		schemat	
videon		arbetet	
skon		området	

6 Bestämd form singular

Vilka substantiv hör ihop?

Kombinera substantiv som hör ihop. Skriv dem i bestämd form. Se exempel.
Obs! Några substantiv kan inte kombineras.

Hunden och _katten_

_____ och _____

_____ och _____

_____ och _____

_____ och _____

_____ och _____

_____ och _____

_____ och _____

_____ och _____

_____ och _____

_____ och _____

_____ och _____

_____ och _____

_____ och _____

SUBSTANTIV

7 Singular

Speciella former

1 Om ett **en-ord** slutar på obetonat **-el**, **-er**, **-or** får det bara **-n** i bestämd form.

en cykel	cykeln
en syster	systern
en bror/broder	brodern
en doktor	doktorn

2 Om ett **ett-ord** slutar på obetonat **-el**, **-en**, **-er** förlorar grundordet sitt **-e** i bestämd form.

ett exempel	exemplet
ett vatten	vattnet
ett fönster	fönstret
ett nummer	numret

OBS! ett papper papperet

3 Några ord får **mm** och **nn** i bestämd form. Det är ord som slutar på *långt, betonat m* och *n*.

ett rum	ru**mm**et
en kam	ka**mm**en
en stam	sta**mm**en
ett program	progra**mm**et
en man	ma**nn**en
en mun	mu**nn**en
en vän	vä**nn**en

jfr ett problem problemet

jfr ett ben benet

8 Obestämd och bestämd form singular

Skriv **en** eller **ett** och sedan den bestämda formen. Se exempel.

Personer

en	man	*mannen*	___	kvinna	_____
___	pojke	_____	___	flicka	_____
___	kille	_____	___	tjej	_____
___	make	_____	___	maka	_____
			___	fru	_____
			___	hustru	_____
___	pappa	_____	___	mamma	_____
___	son	_____	___	dotter	_____
___	bror (broder)	_____	___	syster	_____
___	morbror	_____	___	moster	_____
___	farbror	_____	___	faster	_____
___	syskon	_____	___	barn	_____
___	släkting	_____	___	kusin	_____
___	person	_____	___	människa	_____
___	kamrat	_____	___	kompis	_____
___	vän	_____			

SUBSTANTIV

I hemmet

Skriv **en** eller **ett** och sedan den bestämda formen. Se exempel.

1 _en_ villa _villan_   2 ___ våning _____

3 ___ källare _____   4 ___ trappa _____

5 ___ tvättstuga _____   6 ___ hall _____

7 ___ kök _____   8 ___ toalett _____

9 ___ vardagsrum _____   10 ___ sovrum _____

11 ___ badrum _____   12 ___ balkong _____

13 ___ tak _____   14 ___ golv _____

15 ___ vägg _____   16 ___ fönster _____

17 ___ dörr _____

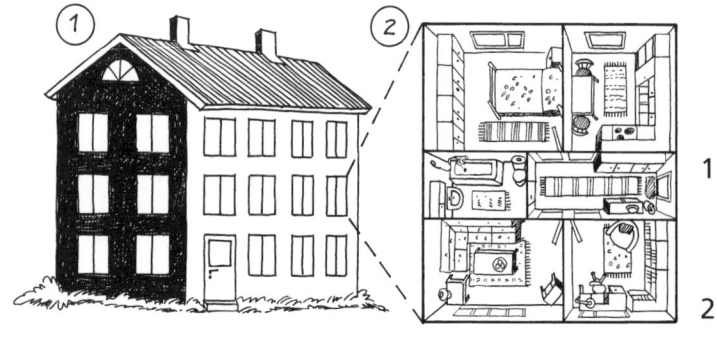

1 ___ flerfamiljshus _____

2 ___ lägenhet _____

SUBSTANTIV

Några saker i hemmet

Skriv **en** eller **ett** och sedan den bestämda formen. Se exempel.

1	*en* nyckel	*nyckeln*	2	*ett* element	*elementet*
3	___ tvättmaskin	_____	4	___ torkskåp	_____
5	___ torktumlare	_____	6	___ mangel	_____
7	___ strykbräde	_____	8	___ strykjärn	_____
9	___ radio	_____	10	___ teve	_____
11	___ fjärrkontroll	_____	12	___ stereo	_____
13	___ video	_____	14	___ bandspelare	_____
15	___ telefon	_____	16	___ fax	_____
17	___ telefonsvarare	_____	18	___ dator	_____
19	___ klädhängare	_____	20	___ gardin	_____

© 1996 Fasth—Kannermark • *Kopiering förbjuden*

SUBSTANTIV

I badrummet

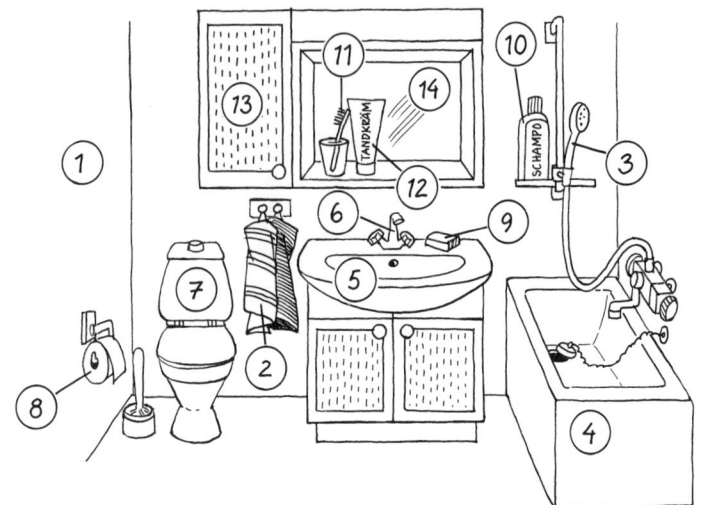

Skriv **en** eller **ett** och sedan den bestämda formen. Se exempel.

1 _ett_ badrum   _badrummet_   2 ___ handduk   _____

3 ___ dusch   _____   4 ___ badkar   _____

5 ___ tvättfat   _____   6 ___ kran   _____

7 ___ toalettstol   _____   8 ___ toalettpapper   _____

9 ___ tvål   _____   10 ___ schampo   _____

11 ___ tandborste   _____   12 ___ tandkräm   _____

13 ___ skåp   _____   14 ___ spegel   _____

I köket

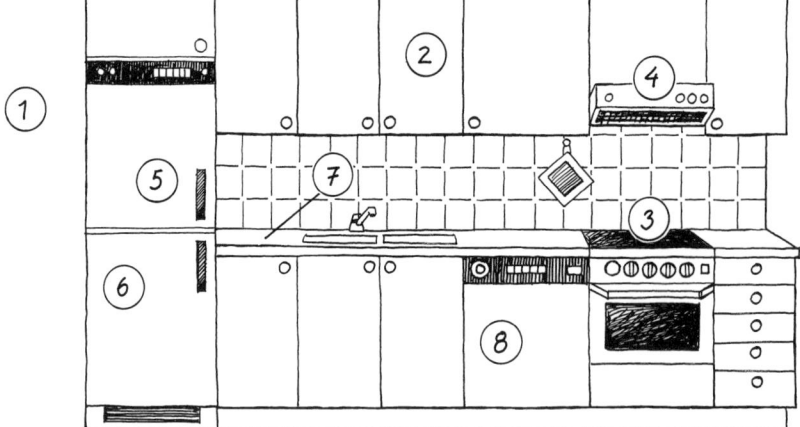

Skriv **en** eller **ett** och sedan den bestämda formen. Se exempel.

1 _ett_ kök   _köket_   2 ___ skåp   _____

3 ___ spis   _____   4 ___ fläkt   _____

5 ___ kyl   _____   6 ___ frys   _____

7 ___ diskbänk   _____   8 ___ diskmaskin   _____

9 Obestämd form singular

Associera med ett annat substantiv. Se exempel.

en penna	*ett radergummi*	en kasse	*en påse*
en bil	*en buss*	en chaufför	*en taxi*
en hund		en expedit	
en tandborste		ett konto	
en stol		en tvål	
ett land		ett lexikon	
en pärm		en kyl	
en vecka		en hamn	
en lärare		en duk	
en man		ett år	
en kamera		en arm	
en pojke		en järnvägsstation	
ett tak		en fläkt	
en gardin		en tulpan	
en flygplats		en jordgubbe	
ett namn		en medicin	
ett öga		en timme	
en gurka		en nyckel	
en cigarrett		en kille	
en morgon		en radio	
en hållplats		en kjol	
en förmiddag		en son	
en frukost		en kniv	
en vår		en syster	

SUBSTANTIV

10 Bestämd form singular

Skriv om bilderna. Använd substantiven i bestämd form tillsammans med verben *hänger, sitter, ligger* och *står* samt prepositionerna *i* och *på*. Se exempel. Första bokstaven finns redan.

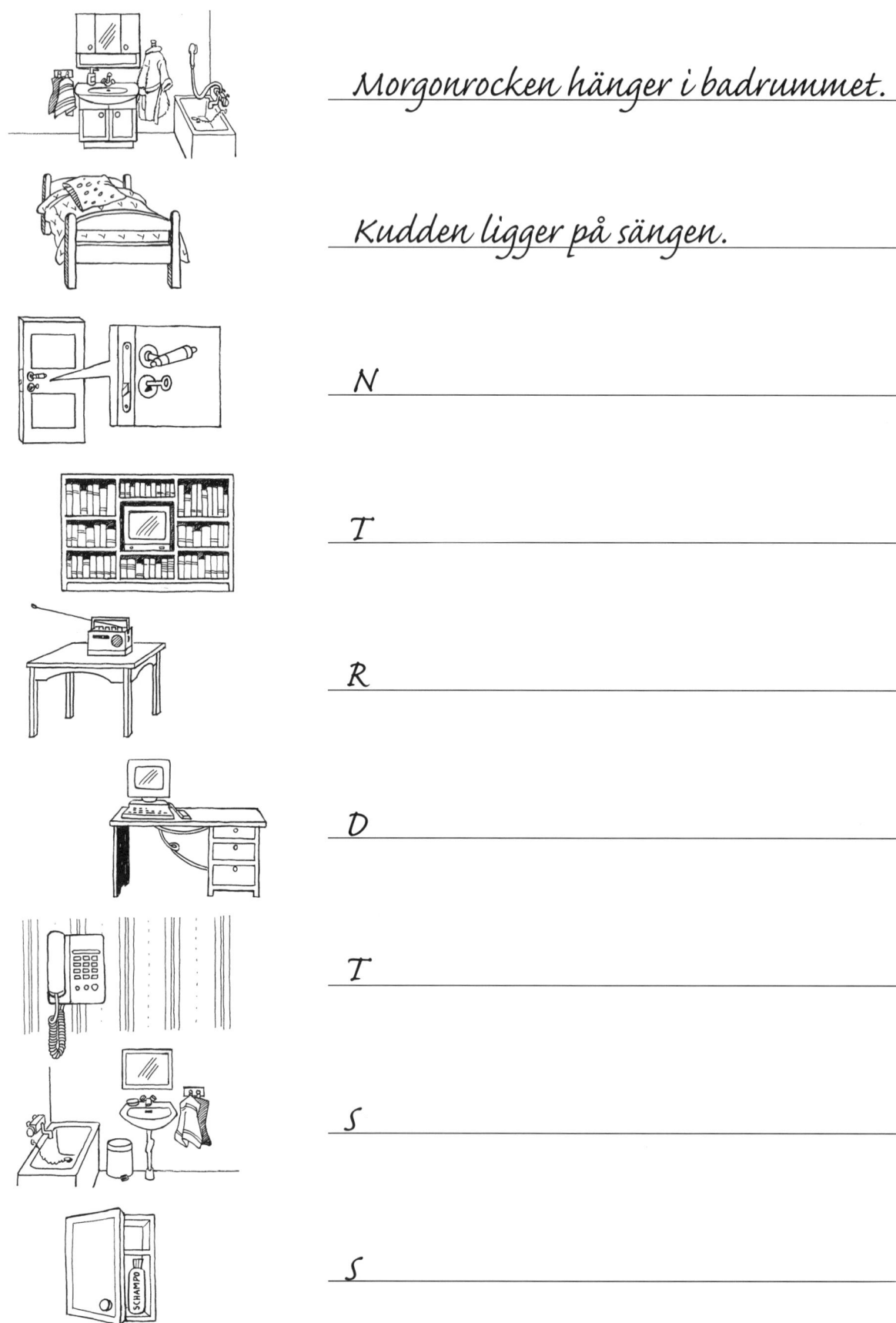

Morgonrocken hänger i badrummet.

Kudden ligger på sängen.

N

T

R

D

T

S

S

SUBSTANTIV

T

B

F

K

K

B

T

B

B

B

SUBSTANTIV

11 Plural

Man bildar (= gör) plural i svenskan på fem olika sätt. Man delar in substantiven i fem olika deklinationer (= grupper).

HUVUDREGEL:

En-ord får oftast -**or**, -**ar** eller -**er** i plural obestämd form.
Ett-ord får oftast -**n** eller **ingen ändelse** i plural obestämd form.

en-ord	-**or**	en flicka	många flick**or**
	-**ar**	en bil	många bil**ar**
	-**er**	en polis	många polis**er**
ett-ord	-**n**	ett äpple	många äpple**n**
	–	ett hus	många hus –

Plural har precis som singular en **obestämd form** och en **bestämd form**.
Så här gör man den bestämda formen i plural:

Obestämd form			Bestämd form
flickor	flickor	+ **na**	flickorna
bilar	bilar	+ **na**	bilarna
poliser	poliser	+ **na**	poliserna
äpplen	äpplen	+ **a**	äpplena
hus –	hus	+ **en**	husen

Den bestämda formen använder man när lyssnaren vet exakt vilka personer eller saker talaren menar. Man använder ofta **de** när man fortsätter att tala om en person eller sak i plural.

SUBSTANTIV

12 Plural – grupp 1

	Singular		**-or** **Plural** **-na**	
Obestämd form	*Bestämd form*		*Obestämd form*	*Bestämd form*
en lampa	lampan		lamp**or**	lamp**orna**
en flicka	flickan		flickor	flickorna
en klocka	klockan		klockor	klockorna

Skriv de former som saknas. Se exempel.

en blomma	*blomman*	*blommor*	*blommorna*
en tröja	_____	_____	_____
en matta	_____	_____	_____
en kvinna	_____	_____	_____
_____	väskan	_____	_____
_____	tavlan	_____	_____
_____	jackan	_____	_____
_____	mössan	_____	_____
_____	_____	lådor	_____
_____	_____	flaskor	_____
_____	_____	strumpor	_____
_____	_____	varor	_____
_____	_____	_____	sopporna
_____	_____	_____	paprikorna
_____	_____	_____	kassorna
_____	_____	_____	flugorna

REGEL:
*Ändelsen i obestämd form plural är **-or**. Ändelsen i bestämd form plural är **-na**.*
*I grupp 1 finns en-ord som slutar på **-a**. (Obs! -a i slutet av ordet försvinner.)*

Undantag: t.ex. en ros – rosor, en toffel – tofflor.

© 1996 Fasth—Kannermark • *Kopiering förbjuden*

SUBSTANTIV

13 Plural – grupp 2

	Singular	-ar Plural	-na
Obestämd form	Bestämd form	Obestämd form	Bestämd form
en bil	bilen	bil**ar**	bilar**na**
en tidning	tidningen	tidningar	tidningarna
en kam	ka**mm**en	ka**mm**ar	ka**mm**arna

Skriv de former som saknas. Se exempel.

en vägg	*väggen*	*väggar*	*väggarna*
en stol			
en ring			
en kopp			
en arm			
	vägen		
	båten		
	sängen		
	hunden		
	avdelningen		
		bänkar	
		stammar	
		övningar	
		meningar	
		dörrar	
			pärmarna
			dukarna
			räkningarna
			knivarna
			skedarna

REGEL:
Ändelsen i obestämd form plural är **-ar**. Ändelsen i bestämd form plural är **-na**.
I grupp 2 finns bl.a. en-ord som
– är enstaviga (t.ex. bil, båt, stol, fru, bro)
– slutar på **-ing** och **-ning** (t.ex. uppfinning, skrivning)

SUBSTANTIV

*I grupp 2 finns också substantiv som slutar på **obetonat** -e, -el, -en, -er, -on.*
*-e, -o försvinner i plural. Två substantiv får **omljud**: dotter och mor/moder.*

Singular		**Plural**	
Obestämd form	*Bestämd form*	*Obestämd form*	*Bestämd form*
en pojke	pojken	pojkar	pojkarna
en fågel	fågeln	fåglar	fåglarna
en öken	ök**nen**	öknar	öknarna
en syster	systern	systrar	systrar
en dotter	dottern	d**ö**ttrar	d**ö**ttrarna
en mor/moder	modern	m**ö**drar	m**ö**drarna
en afton	aftonen	aftnar	aftnarna

Skriv de former som saknas. Se exempel.

en kasse	*kassen*	*kassar*	*kassarna*
en axel			
en kalender			
en timme			
	handsken		
	cykeln		
	teatern		
	bullen		
		påsar	
		nycklar	
		morgnar	
		åkrar	
			kuddarna
			speglarna
			vintrarna
			trianglarna

© 1996 Fasth—Kannermark • *Kopiering förbjuden*

SUBSTANTIV

14 Plural – grupp 3

	Singular		-er Plural	-na
	Obestämd form	Bestämd form	Obestämd form	Bestämd form
	en film	filmen	film**er**	filmer**na**
	en student	studenten	studenter	studenterna
	en telefon	telefonen	telefoner	telefonerna

Skriv de former som saknas. Se exempel.

Obestämd form sing.	Bestämd form sing.	Obestämd form plur.	Bestämd form plur.
en park	*parken*	*parker*	*parkerna*
en text			
en polis			
en fabrik			
en familj			
	fåtöljen		
	maskinen		
	ingenjören		
	affären		
	servitrisen		
		butiker	
		tabeller	
		biljetter	
		cigarretter	
		journalister	
			servitörerna
			apparaterna
			kioskerna
			signalerna
			frisörerna

REGEL:
*Ändelsen i obestämd form plural är **-er**. Ändelsen i bestämd form plural är **-na**.*
*De flesta substantiven i grupp 3 är **en-ord**.*
Många substantiv i grupp 3 har svenska språket lånat från andra språk. Många av dessa substantiv är flerstaviga med betoning på sista stavelsen.

SUBSTANTIV

*En del substantiv som finns i grupp 3 får **omljud** i plural (t.ex. en hand, två händer).
Till grupp 3 räknar man några få ord som slutar på vokal. De orden får bara **-r** i plural.
Substantiv som slutar på **-else** får **-r** i plural.*

Singular		Plural	
Obestämd form	*Bestämd form*	*Obestämd form*	*Bestämd form*
en hand	handen	h**är**nd**er**	h**ä**nderna
en tand	tanden	tänder	tänderna
ett land	landet	länder	länderna
en son	sonen	s**ö**ner	s**ö**nerna
en fot	foten	fö**tt**er	fö**tt**erna
en bok	boken	bö**ck**er	bö**ck**erna
en tå	tån	tå**r**	tårna
en sko	skon	skor	skorna
en händelse	händelsen	händelse**r**	händelserna
en berättelse	berättelsen	berättelser	berättelserna
ett fängelse	fängelset	fängelser	fängelserna

Skriv de former som saknas.

en strand	_____	_____	_____
en rot	_____	_____	_____
en ko	_____	_____	_____
_____	natten	_____	_____
_____	plånboken	_____	_____
_____	bakelsen	_____	_____
_____	_____	ränder	_____
_____	_____	morötter	_____
_____	_____	ändelser	_____
_____	_____	_____	verkstäderna
_____	_____	_____	kokböckerna
_____	_____	_____	svärsönerna

SUBSTANTIV

15 Plural – grupp 4

	Singular		-n Plural	-a
	Obestämd form	Bestämd form	Obestämd form	Bestämd form
	ett äpple	äpplet	äpple**n**	äpple**a**
	ett piano	pianot	pianon	pianona
	ett radergummi	radergummit	radergummin	radergummina

Observera:

ett öga	ögat	ögon	ögonen
ett öra	örat	öron	öronen

Skriv de former som saknas. Se exempel.

ett hjärta	*hjärtat*	*hjärtan*	*hjärtana*
ett täcke	_____	_____	_____
ett foto	_____	_____	_____
ett kvitto	_____	_____	_____
_____	snöret	_____	_____
_____	knät	_____	_____
_____	frimärket	_____	_____
_____	området	_____	_____
_____	_____	arbeten	_____
_____	_____	ställen	_____
_____	_____	ärenden	_____
_____	_____	konton	_____
_____	_____	_____	meddelandena
_____	_____	_____	häftena
_____	_____	_____	hårstråna
_____	_____	_____	ansiktena

REGEL:
*Ändelsen i obestämd form plural är **-n**. Ändelsen i bestämd form plural är **-a**.*
*I grupp 4 finns **ett-ord** som slutar på **vokal**.*

SUBSTANTIV

16 Plural – grupp 5

		–	-en
Singular		**Plural**	
Obestämd form	Bestämd form	Obestämd form	Bestämd form
ett hus	huset	hus	hus**en**
ett barn	barnet	barn	barnen
ett system	systemet	system	systemen

Observera:

ett exempel	exemp**let**	exempel	exemp**len**
ett fönster	fönst**ret**	fönster	fönst**ren**
ett rum	ru**mm**et	rum	ru**mm**en
ett hem	he**mm**et	hem	he**mm**en

Skriv de former som saknas. Se exempel.

ett tak	*taket*	*tak*	*taken*
ett golv	_____	_____	_____
ett brev	_____	_____	_____
ett paket	_____	_____	_____
ett jobb	_____	_____	_____
ett problem	_____	_____	_____
ett år	_____	_____	_____
_____	numret	_____	_____
_____	programmet	_____	_____
_____	bordet	_____	_____
_____	blocket	_____	_____
_____	torget	_____	_____
_____	päronet	_____	_____
_____	passet	_____	_____

© 1996 Fasth—Kannermark • *Kopiering förbjuden*

SUBSTANTIV

	Singular		**Plural**	
Obestämd form	*Bestämd form*	*Obestämd form*	*Bestämd form*
_____	_____	askfat	_____
_____	_____	glas	_____
_____	_____	berg	_____
_____	_____	språk	_____
_____	_____	samtal	_____
_____	_____	universitet	_____
_____	_____	ben	_____
_____	_____	_____	tågen
_____	_____	_____	träden
_____	_____	_____	armbanden
_____	_____	_____	orden
_____	_____	_____	haven
_____	_____	_____	hallonen
_____	_____	_____	namnen

REGEL:

I grupp 5 får substantiven **ingen ändelse** i obestämd form plural.
I bestämd form plural får **ett-orden** ändelsen **-en**.

I grupp 5 finns **ett-ord** som slutar på **konsonant**.

SUBSTANTIV

I grupp 5 finns också bl.a.
- **en-ord** *som slutar på* **-are** (personer, saker, t.ex. läkare, telefonsvarare)
- **en-ord** *som slutar på* **-er** (yrken, nationaliteter, t.ex. politiker, iranier)

Några substantiv får **omljud**, *t.ex. bror.*

En-orden *i grupp 5 får ändelsen* **-na** *i bestämd form plural.*
Undantag: **en man**

	Singular		– Plural	-na
Obestämd form	*Bestämd form*	*Obestämd form*	*Bestämd form*	
en målare	målaren	målare	målar**na**	
en högtalare	högtalaren	högtalare	högtalarna	
en musiker	musikern	musiker	musikerna	
en bror/broder	brodern	br**ö**der	br**ö**derna	
en far/fader	fadern	f**ä**der	f**ä**derna	
en man	mannen	m**ä**n	m**ä**nnen	

Skriv de former som saknas.

en lärare	_____	_____	_____
en pennvässare	_____	_____	_____
en mekaniker	_____	_____	_____
en sjöman	_____	_____	_____
_____	fotbollsspelaren	_____	_____
_____	sotaren	_____	_____
_____	fysikern	_____	_____
_____	brandmannen	_____	_____
_____	_____	bagare	_____
_____	_____	skomakare	_____
_____	_____	tekniker	_____
_____	_____	förmän	_____
_____	_____	_____	bussförarna
_____	_____	_____	barnskötarna
_____	_____	_____	somalierna
_____	_____	_____	ordningsmännen

SUBSTANTIV

17 Obestämd form plural

Skriv substantiven i obestämd form plural. Se exempel.

Singular	Plural	Singular	Plural
en krona	*kronor*	en pärm	
en adress		ett knä	
ett block		en läxa	
en hamn		en tid	
ett konto		ett träd	
en karta		en bil	
en katt		ett arbete	
ett barn		en kaka	
en kopp		en bank	
ett intresse		ett jobb	
en vecka		en vägg	
en text		ett häfte	
ett brev		en sida	
en båt		en check	
ett tuggummi		ett år	
en lampa		en fru	
en affär		ett piano	
ett golv		en penna	
en säng		en lunch	
ett ansikte		ett pass	
en tavla		en stol	

SUBSTANTIV

Singular	Plural	Singular	Plural
ett glas	_____	en blomma	_____
en buss	_____	en park	_____
ett kvitto	_____	ett bord	_____
en flicka	_____	en boll	_____
en ort	_____	ett område	_____
ett pris	_____	en kyrka	_____
en arm	_____	en tjej	_____
ett frimärke	_____	ett paket	_____
en kvinna	_____	en hund	_____
en familj	_____	ett radergummi	_____
ett tak	_____	en soffa	_____
en bro	_____	en elev	_____
ett hjärta	_____	ett hus	_____
en skola	_____	en hall	_____
en dräkt	_____	ett schema	_____
ett ord	_____	en kassa	_____
en spis	_____	en flod	_____
ett äpple	_____	ett bröd	_____
en hylla	_____	en kran	_____
en rad	_____	en kassörska	_____
en tvål	_____	en frukt	_____
en bar	_____	ett porto	_____

SUBSTANTIV

18 Obestämd form plural

Skriv substantiven i obestämd form plural. Se exempel.

Singular	Plural	Singular	Plural
en matta	_mattor_	en våning	____
en kasse	____	en kusin	____
en bok	____	ett snöre	____
ett öga	____	ett huvud	____
en läkare	____	en lucka	____
en övning	____	en gaffel	____
en expedit	____	en fot	____
ett meddelande	____	ett öra	____
ett datum	____	en tekniker	____
en brevlåda	____	en tidning	____
en jumper	____	en månad	____
en far (fader)	____	ett täcke	____
ett ben	____	en man	____
en människa	____	en askkopp	____
en ros	____	en tanke	____
en bulle	____	en kund	____
en plånbok	____	ett checkhäfte	____
ett namn	____	en bror (broder)	____
en vän	____	en räkning	____
en spegel	____	en chaufför	____
en son	____	ett ansikte	____
ett kontor	____	ett rum	____

SUBSTANTIV

19 Obestämd form plural

Vad ser du på bilderna?

I ett rum

tre mattor

I klassrummet

På torget

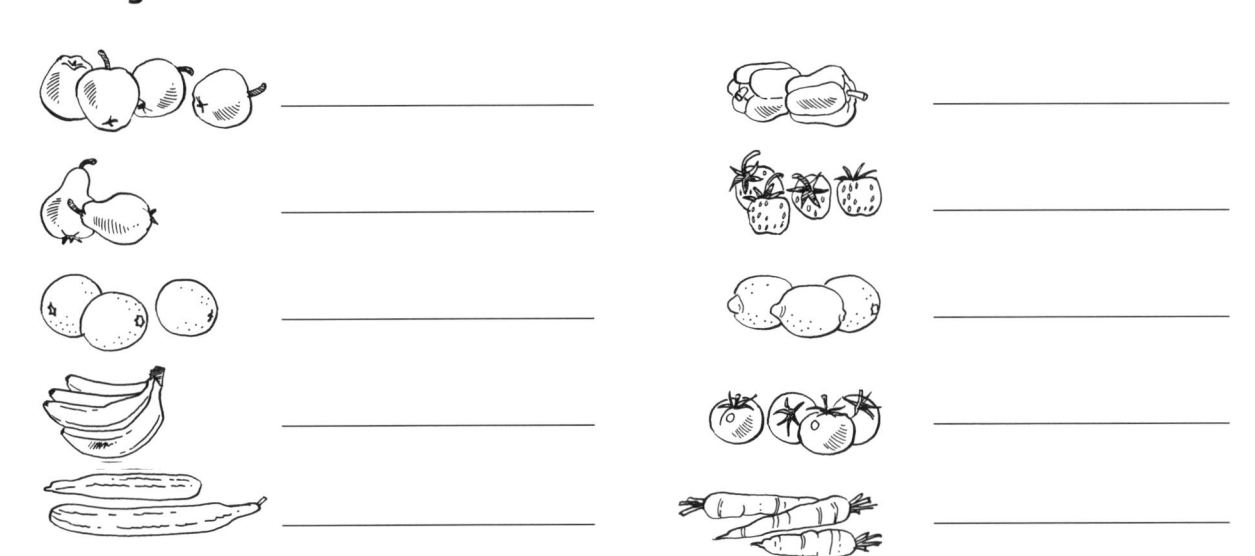

SUBSTANTIV

På bordet

_____   _____

_____   _____

_____   _____

_____   _____

På kroppen

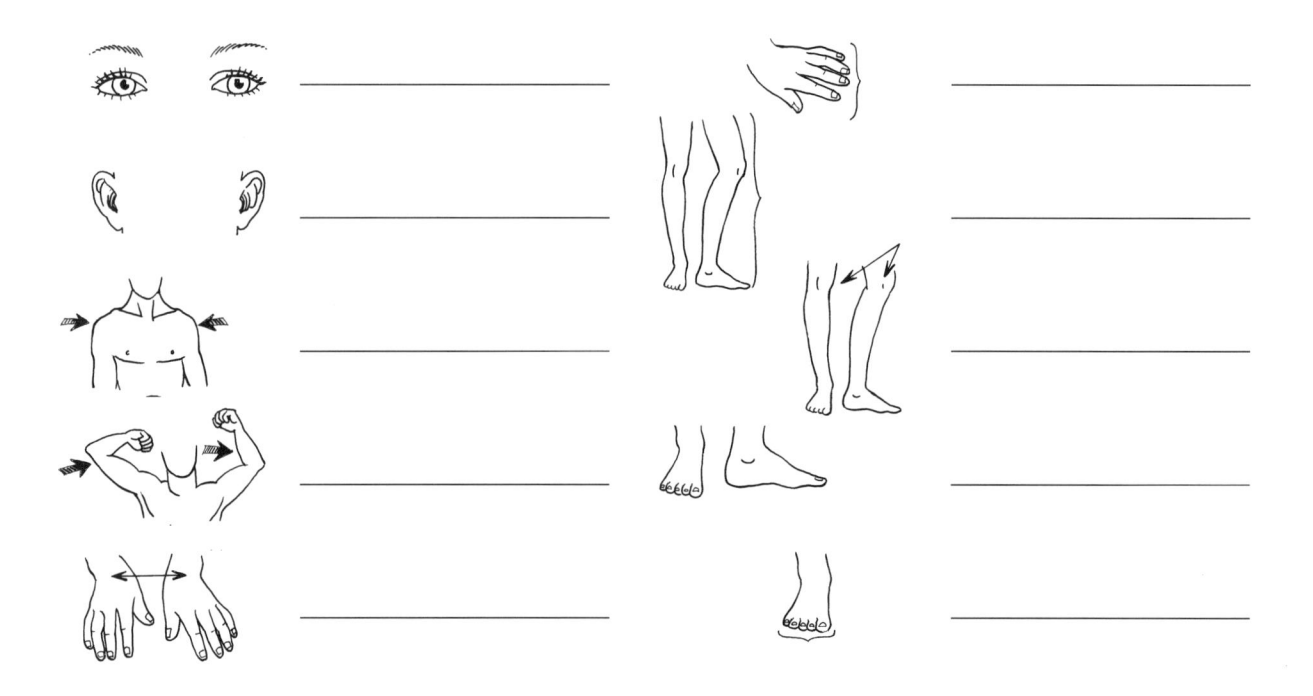

_____   _____

_____   _____

_____   _____

_____   _____

_____   _____

Tider

Ett år har 12 _____ , 4 _____ ,

52 _____ och 365 _____ .

Ett dygn har 24 _____ .

En timme har 60 _____ .

En minut har 60 _____ .

SUBSTANTIV

20 Bestämd form plural

Skriv den bestämda formen i plural. Se exempel.

Obestämd form	Bestämd form	Obestämd form	Bestämd form
mattor	*mattorna*	lampor	
veckor		soffor	
bilar		dagar	
bussar		våningar	
tomater		grönsaker	
bananer		apelsiner	
äpplen		frimärken	
pianon		knän	
barn		år	
brev		hus	
trappor		villor	
hundar		släktingar	
poliser		restauranger	
kvitton		snören	
ben		lexikon	
väskor		tröjor	
kompisar		bänkar	
kiosker		banker	
konton		intressen	
tak		golv	

SUBSTANTIV

21 Bestämd form plural

Vilka substantiv hör ihop?

Kombinera substantiv som hör ihop. Skriv dem i bestämd form. Se exempel.
OBS! Några substantiv kan inte kombineras.

_____Stolarna_____ och _____borden_____

_____ och _____

_____ och _____

_____ och _____

_____ och _____

_____ och _____

_____ och _____

_____ och _____

_____ och _____

_____ och _____

_____ och _____

SUBSTANTIV

22 Bestämd form plural

Vilka substantiv hör ihop?

Kombinera substantiv som hör ihop. Skriv dem i bestämd form. Se exempel.
OBS! Några substantiv kan inte kombineras.

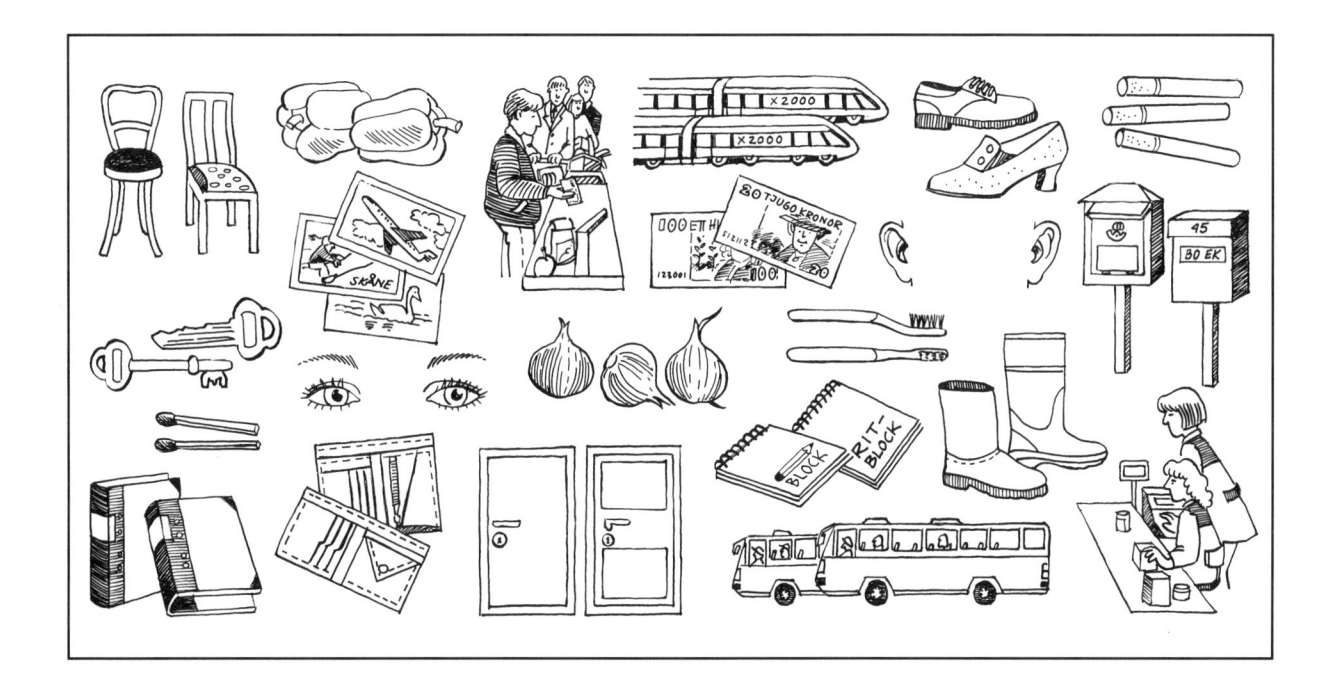

_____Cigarretterna_____ och _____tändstickorna_____

_____ och _____

_____ och _____

_____ och _____

_____ och _____

_____ och _____

_____ och _____

_____ och _____

_____ och _____

_____ och _____

SUBSTANTIV

23 Bestämd form plural

Skriv den bestämda formen i plural. Se exempel.

Obestämd form	Bestämd form	Obestämd form	Bestämd form
timmar	*timmarna*	år	
månader		minuter	
meddelanden		brev	
knivar		gafflar	
paket		påsar	
väggar		tak	
arbeten		studier	
skolor		arbetsplatser	
barn		föräldrar	
sängar		kuddar	
madrasser		täcken	
torg		kiosker	
päron		plommon	
paprikor		ägg	
pennvässare		radergummin	
lärare		elever	
träd		blommor	
schampon		tvålar	
handdukar		tvättställ	
jackor		rockar	
öron		ögon	
ben		armar	
häften		böcker	
tidningar		telefoner	
hundar		katter	
människor		personer	
ord		övningar	

24 Genitiv

Det finns två kasus i svenskan:

Nominativ: flicka flickan flickor flickorna

Genitiv: flickas flickans flickors flickornas

Genitiv uttrycker *vem/vilka* eller *vad* som äger eller har något.

Genitiv bildas genom tillägg av ändelsen **-s**.

Om ett namn slutar på *-s*, *-x* eller *-z* har man ingen genitivändelse, t.ex. Lars, Max, Fritz.

Exempel:

En flickas dröm var förr i tiden att gifta sig och få barn.
En liten flicka går ensam i stan. Jag undrar var flickans föräldrar är.
Flickors intressen skiljer sig ofta från pojkars.
– Var ligger flickornas omklädningsrum?   – Mittemot toaletterna.

– Vad heter veckans dagar?   – Måndag, tisdag, onsdag ...
1998 deklarerar man 1997 års inkomst.

– Vems penna är det här?   – Det är Karins penna.

Lenas bror heter Olle.
Fru Larssons villa är till salu.

Mats fru heter Ulla.
Alex lektioner är intressanta.

OBS! I stället för s-genitiv använder man ofta ett **prepositionsuttryck**. Det gäller speciellt för icke-levande substantiv.

trädgårdens gräsmatta	= gräsmattan i trädgården.
husets hyresgäster	= hyresgästerna i huset
badrummets dörr	= dörren till badrummet
kassaskåpets nyckel	= nyckeln till kassaskåpet
stolens ben	= benen på stolen
problemets lösning	= lösningen på problemet
husets färg	= färgen på huset
partiets ledare	= ledaren för partiet
företagets chef	= chefen för företaget
flodens strand	= stranden vid floden
kanalens bro	= bron över kanalen

SUBSTANTIV

25 Sök substantiv

Stryk under alla substantiv i texten.

1 **En man**

2 Han har alltid en hatt på sig. Kanske har han hatten på sig på nätterna också.

3 Det vet jag inte. Han har en stor mustasch, men han har inga tänder. – Det är bra,

4 för jag behöver inte borsta tänderna eller gå till tandläkaren, säger han.

5 Mannen bor ensam i ett stort hus utanför staden. Han är ofta ute i sin trädgård.

6 Mannen tycker om att arbeta i trädgården. Där finns det många vackra blommor.

7 Han har en papegoja som kan tala. Varje dag hör jag papegojan som säger:

8 "Hej Fredag! Kom hit! Ha, ha, ha,!"

9 Fredag är en katt som kommer till mannen för att äta middag. Katten får t.ex.

10 köttbullar. Det tycker katten om. Efter middagen ligger katten och sover

11 under ett träd.

12 Mannen är mycket snäll mot alla djur. – Jag tycker inte om människor, men jag

13 tycker om djur och blommor, säger han.

SUBSTANTIV

Skriv alla substantiven på rätt plats i schemat. Skriv sedan de former som saknas. Se exempel.

Singular		Plural	
Obestämd form	Bestämd form	Obestämd form	Bestämd form
en man			
en hatt	hatten		
			nätterna

SUBSTANTIV

26 Något om användningen av obestämd och bestämd form av substantivet

Obestämd form

Den obestämda formen använder man

A om något som är nytt, något som man inte har talat om tidigare. Lyssnaren vet inte exakt vilken person eller sak talaren menar.

Jag ska hälsa på en kompis i kväll.

Lyssnaren tänker:
Vilken kompis? Lyssnaren vet inte det.

B efter bl.a. följande ord:

en	ett	många etc.
någon	något	några
ingen	inget	inga
vilken	vilket	vilka
min	mitt	mina
etc. (= *possessiva pronomen*)		
Eva**s**	Eva**s**	Eva**s**
(= *s-genitiv*)		

Jag har en penna och ett block.
Olle har många kompisar.

– Har du någon penna?   – Ja, det har jag.
– Har du något block?   – Ja, det har jag.
– Har du några pengar?   – Nej, det har jag inte.

Jag har ingen bil.
Jag har inget bröd hemma.
Jag har inga kusiner i Sverige.

– Vilken dag kommer Martin? – På tisdag.
– Vilket år är du född?   – 1970.
– Vilka dagar jobbar du?   – Måndag, onsdag, fredag.

Min son heter Adam.
Mitt arbete är intressant.
Mina föräldrar bor i Stockholm.

Evas dotter ska börja skolan.
Jag ska träffa Kristinas man.

C Substantivet använder man *utan artikel* i bl.a. följande uttryck:

Ha barn, familj, hund, katt, bil
Åka bil, tåg, buss, båt, spårvagn, tunnelbana, taxi
Gå på bio, på teater, på konsert, på kurs
Spela piano, gitarr
Äta frukost, lunch, middag, kvällsmat
Laga mat, koka kaffe
Röka pipa, cigarretter
Vara sjuksköterska, polis, polack

Gå på fotboll, på ishockey
Spela fotboll, handboll
Dricka kaffe, te, öl, vin
Baka bröd, kakor
Köpa mat, kläder, biljetter
Vara katolik, muslim, socialdemokrat

SUBSTANTIV

Bestämd form

Den bestämda formen använder man

A   när lyssnaren vet vilken person eller sak talaren menar.
    Man använder ofta **han**, **hon**, **den**, **det**, **de** i stället för den bestämda formen när man fortsätter att tala om en person eller sak.

	Lyssnaren tänker:
Ser du båten på sjön?	*Vilken båt? Vilken sjö? Det finns bara en båt och en sjö, och lyssnaren vet exakt vilken båt och sjö talaren menar.*
Jag ska hälsa på en kompis i kväll. (Kompisen bor i centrum.) Han bor i centrum.	*Vilken kompis? Lyssnaren vet att det är den kompis som jag ska hälsa på i kväll.* *Han = en redan nämnd person*
Jag har en lägenhet. Hyran är 3.000:- i månaden.	*Vilken hyra? Hyran för lägenheten.*
Eva är och tankar bilen.	*Vilken bil? Evas bil.*
Lena har ont i magen.	*Vilken mage? Lenas mage.*
Olle är på jobbet.	*Vilket jobb? Olles jobb.*
Stäng dörren!	*Vilken dörr? Den som är öppen.*
Hämta kaffet i köket!	*Vilket kaffe? Det som vi ska dricka.* *Vilket kök? Det finns bara ett.*
Himlen är blå.	*Vilken himmel? Det finns bara en.*
Vädret ska bli bättre.	*Vilket väder? Det finns bara ett.*
Kungen bor i Stockholm.	*Vilken kung? Det finns bara en kung i Sverige.*

B   efter följande ord:

> **den** (här, där)   **det** (här, där)   **de** (här, där)

Jag skulle vilja ha den kakan.   (= den och ingen annan)
Vad kostar det brödet?   (= det och inget annat)
Hur mycket kostar de bullarna?   (= de och inga andra)

C   i bl.a. följande uttryck:

Gå på/till posten, banken, apoteket, biblioteket
Gå till tandläkaren, doktorn
Gå till sjukhuset, vårdcentralen, socialen, skolan, kyrkan
Gå på toaletten

SUBSTANTIV

27 Användning av substantivets former

Välj rätt form av substantiven. Se exempel.

1 Olle, var snäll och sätt på ____!
   a) radio	b) en radio	c) radion ⟵

2 Usch, vad jag är dålig i engelska. Jag får nog anmäla mig till ____.
   a) kurs	b) en kurs	c) kursen

3 Mats är hemma på dagarna. Han har inget ____.
   a) arbete	b) arbetet	c) arbeten	d) arbetena

4 Det var många ____ i stan i somras.
   a) turist	b) turisten	c) turister	d) turisterna

5 Varsågod och sätt dig i ____! Den är bekväm.
   a) soffa	b) en soffa	c) soffan

6 Var snäll och fyll i dina ____ här!
   a) personuppgift	b) personuppgiften	c) personuppgifter	d) personuppgifterna

7 Jag såg ____ på TV igår. Det handlade om djur och var mycket intressant.
   a) program	b) ett program	c) programmet

8 Sara har ont i ____. De är alldeles röda.
   a) ett öga	b) ögat	c) ögon	d) ögonen

9 – Vilket ____ bor du i?	– I Hyllie.
   a) område	b) området	c) områden	d) områdena

10 – Har du någon ____ att låna mig?	– Javisst. Varsågod.
   a) penna	b) pennan	c) pennor	d) pennorna

11 Jag måste ta på mig ett par tofflor. Det är så kallt på ____.
   a) golv	b) ett golv	c) golvet

12 Ta ut ____ ur ugnen, är du snäll! De är nog färdiga nu.
   a) en bulle	b) bullen	c) bullar	d) bullarna

13 Mitt ____ ligger i handväskan.
   a) checkhäfte	b) checkhäftet	c) checkhäften	d) checkhäftena

14 Glöm inte att låsa ____ när du går ut!
   a) dörr	b) en dörr	c) dörren

15 Jag måste åka och tvätta ____. Den är så smutsig.
   a) bil	b) en bil	c) bilen

16 Du måste klippa ____. De är alldeles för långa.
   a) en nagel	b) nageln	c) naglar	d) naglarna

SUBSTANTIV

17 Karin har skrivit till en kompis. Nu ska hon gå ut och posta _____.
    a) brev   b) ett brev   c) brevet

18 Anders har en Volvo. Han har alltid haft det _____.
    a) bilmärke   b) bilmärket   c) bilmärken   d) bilmärkena

19 _____ kommer hit nästa år.
    a) påve   b) en påve   c) påven

20 Oskar har berättat om Paris och Madrid. De _____ skulle jag vilja åka till.
    a) stad   b) staden   c) städer   d) städerna

21 Var snäll och hämta _____! Den ligger i hallen.
    a) post   b) en post   c) posten

22 Gunnel promenerar till _____ varje dag.
    a) arbete   b) ett arbete   c) arbetet

23 – Vet du om _____ vid Stortorget har nattöppet?   – Nej, det vet jag inte.
    a) apotek   b) ett apotek   c) apoteket

24 Meteorologerna säger att _____ ska bli bättre.
    a) väder   b) ett väder   c) vädret

25 Kajsa har ont i _____. Hon måste nog gå till doktorn.
    a) hjärta   b) ett hjärta   c) hjärtat

26 Kalle röker inte cigarretter, men han tycker att det är gott att röka _____.
    a) pipa   b) en pipa   c) pipan

27 Jag måste gå på _____ och hämta pengar. Jag undrar när den öppnar.
    a) bank   b) en bank   c) banken

28 Oj, vad klockan är mycket. Jag hinner inte läsa _____ nu.
    a) tidning   b) en tidning   c) tidningen

29 Bodils _____ ligger på sjukhuset. Han har magsår.
    a) son   b) sonen   c) söner   d) sönerna

30 Jag har ingen _____ , så jag cyklar till jobbet.
    a) bil   b) bilen   c) bilar   d) bilarna

31 – Har du några _____ på dig?   – Nej, tyvärr. De är slut.
    a) cigarrett   b) cigarretten   c) cigarretter   d) cigarretterna

32 Oh, vad härligt att _____ skiner idag med!
    a) sol   b) en sol   c) solen

33 Jag ska gå till _____ idag igen. Jag hoppas att det är sista gången.
    a) tandläkare   b) en tandläkare c) tandläkaren

© 1996 Fasth—Kannermark • *Kopiering förbjuden*

SUBSTANTIV

34 – Kan du inte gå till _____ och köpa frimärken åt mig? – Jovisst.
   a) post   b) en post   c) posten

35 Vi har inga _____ hemma. Det måste jag skriva upp på inköpslistan.
   a) banan   b) bananen   c) bananer   d) bananerna

36 Gabriella åker _____ till arbetet. Det tar bara tio minuter.
   a) buss   b) en buss   c) bussen

37 Jag måste gå till _____ med Elin. Hon har så ont i öronen.
   a) vårdcentral   b) en vårdcentral c) vårdcentralen

38 "Attack 1000" har premiär den 25 juni. Fem stjärnor! Den _____ ska jag se.
   a) film   b) filmen   c) filmer   d) filmerna

39 – Vilka _____ jobbar du?   – Måndag, onsdag och fredag.
   a) dag   b) dagen   c) dagar   d) dagarna

40 Vi äter _____ klockan sex på vardagarna.
   a) frukost   b) en frukost   c) frukosten

41 – Har du något _____ på din familj? – Ja, titta här!
   a) foto   b) fotot   c) foton   d) fotona

42 Min _____ är borta. Jag undrar var den är.
   a) katt   b) katten   c) katter   d) katterna

43 Lennart är _____ på en stor tidning.
   a) journalist   b) en journalist   c) journalisten

44 Vilken _____ går till teatern?
   a) buss   b) bussen   c) bussar   d) bussarna

45 Lenas man är _____ på gymnasieskolan.
   a) lärare   b) en lärare   c) läraren

46 Det var sommar-OS i Atlanta 1996. _____ kom från hela världen.
   a) en deltagare   b) deltagaren   c) deltagare   d) deltagarna

47 I morgon ska jag träffa Eriks _____. Det är första gången jag träffar henne.
   a) fru   b) frun   c) fruar   d) fruarna

48 – Jag måste gå på _____. Var ligger den? – I korridoren.
   a) toalett   b) en toalett   c) toaletten

49 Katarina har varit _____ i tio år.
   a) taxichaufför   b) en taxichaufför c) taxichauffören

50 – Har du gjort läxan?   – Nej. Jag har glömt mina _____ i skolan.
   a) bok   b) boken   c) böcker   d) böckerna

SUBSTANTIV

28 Obestämd och bestämd form

Skriv alla fyra formerna av substantiven. Se exempel.

	Singular		Plural	
	Obestämd form	*Bestämd form*	*Obestämd form*	*Bestämd form*
	en tidning	tidningen	tidningar	tidningarna

SUBSTANTIV

Välj rätt substantiv och rätt form från föregående sida. Se exempel.

1. – Kan jag få låna _telefonen_ ?

   – Javisst. Varsågod.

   – Jag måste ringa till Telia och meddela att min _____ inte fungerar.

2. Jag köpte två _____ och ett paket _____ i Pressbyrån. _____ la jag i väskan, men _____ glömde jag vid kassan. Nu har jag ingenting att läsa på tåget.

3. Mina _____ är inte lika stora. Den högra _____ är lite större än den vänstra. Det är svårt att hitta _____ som passar. Antingen är de för små eller för stora.

4. Island är ett av de nordiska _____.

5. – Kan du hjälpa mig att bära min tunga _____?

   – Naturligtvis. – Oj! Den var verkligen tung. Vad har du egentligen i den här _____? – Böcker.

6. Gamla fru Sturesson måste gå till doktorn, för hon har ont i _____.

7. Mårten har inga _____ i köket, men i vardagsrummet har han en fin äkta _____ som ligger mitt på golvet.

8. – Var bor du?

   – Vid Nytorget, i ett av de gamla _____ som ligger där.

   – Vid Nytorget ... Finns det verkligen några gamla _____ där?

   – Javisst. Har du inte sett dem?

9. – Var kan vi ställa våra _____?

   – I cykelstället på andra sidan gatan.

10. Håkan är mycket musikalisk. Han spelar både _____ och saxofon. Han har många musikinstrument hemma, bl.a. två saxofoner och tre _____.

11. – Kan du låsa upp dörren åt mig? Jag har glömt mina _____ hemma.

    – Javisst.

RÄKNEORD

Grundtal

0	noll				
1	en/ett	11	elva	21	tjugoen/ett
2	två	12	tolv	22	tjugotvå
3	tre	13	tretton	30	trettio
4	fyra	14	fjorton	40	fyrtio
5	fem	15	femton	50	femtio
6	sex	16	sexton	60	sextio
7	sju	17	sjutton	70	sjuttio
8	åtta	18	arton	80	åttio
9	nio	19	nitton	90	nittio
10	tio	20	tjugo	100	(ett)hundra
				101	(ett)hundraen/ett
				200	tvåhundra
				1.000	(ett) tusen, ettusen
				1.000.000	en miljon

Ordningstal

1:a	första	11	elfte	21	tjugoförsta
2:a	andra	12	tolfte	22	tjugoandra
3.e	tredje	13	trettonde	30	trettionde
4:e	fjärde	14	fjortonde	40	fyrtionde
5:e	femte	15	femtonde	50	femtionde
6	sjätte	16	sextonde	60	sextionde
7	sjunde	17	sjuttonde	70	sjuttionde
8	åttonde	18	artonde	80	åttionde
9	nionde	19	nittonde	90	nittionde
10	tionde	20	tjugonde	100	hundrade
				101	(ett)hundraförsta
				200	tvåhundrade
				1.000	tusende
				1.000.000	miljonte

Första och *andra* slutar på -a och förkortas 1:a, 2:a. De andra ordningstalen slutar på -e och får -e när de förkortas, t.ex. 3:e, 4:e.

Substantiverade räkneord

1	en etta - ettan - ettor - ettorna	7	en sjua
2	en tvåa		8	en åtta
3	en trea		9	en nia
4	en fyra		10	en tia
5	en femma		11	en elva
6	en sexa		12	en tolva

RÄKNEORD

1 Grundtal

Skriv med bokstäver.

1	*en/ett*	11	*elva*		
2	*två*	12	*tolv*	20	*tjugo*
3	_____	13	_____	30	_____
4	_____	14	_____	40	_____
5	_____	15	_____	50	_____
6	_____	16	_____	60	_____
7	_____	17	_____	70	_____
8	_____	18	_____	80	_____
9	_____	19	_____	90	_____
10	_____	100	_____	1000	_____
				1.000.000	_____

22	_____	25	_____
23	_____	33	_____
39	_____	37	_____
44	_____	48	_____
46	_____	55	_____
53	_____	54	_____
66	_____	67	_____
65	_____	77	_____
74	_____	72	_____
88	_____	81	_____
89	_____	99	_____
92	_____	91	_____

RÄKNEORD

2 Grundtal (muntlig och skriftlig övning)

Addition
+ = plus

Subtraktion
− = minus

Multiplikation
x = gånger *eller* multiplicerat med

Division
: = delat med *eller* dividerat med

= = är lika med

Fråga och svara. *Hur mycket är …? … är lika med …* Skriv sedan svaren med bokstäver.

7 + 5 = *tolv*

4 x 4 = _____

12 + 5 = _____

3 x 3 = _____

7 + 7 = _____

1 x 3 = _____

7 + 6 = _____

4 x 2 = _____

8 + 2 = _____

10 x 10 = _____

10 + 10 = _____

5 x 10 = _____

60 : 2 = _____

20 + 20 = _____

6 x 6 = _____

2 x 2 = _____

8 x 8 = _____

7 x 8 = _____

10 x 100 = _____

72 − 54 = _____

60 : 4 = _____

28 − 27 = _____

10 : 2 = _____

20 − 16 = _____

20 : 10 = _____

26 − 7 = _____

49 : 7 = _____

21 − 10 = _____

36 : 6 = _____

90 − 10 = _____

6 x 15 = _____

2 x 35 = _____

5 x 12 = _____

5 x 5 = _____

7 x 7 = _____

9 x 9 = _____

6 x 9 = _____

RÄKNEORD

3 Grundtal (muntlig övning)

Priser

Fråga och svara. Se exempel.

– Vad kostar boken?   *eller* Hur mycket kostar boken?
– Den kostar 119 kronor.

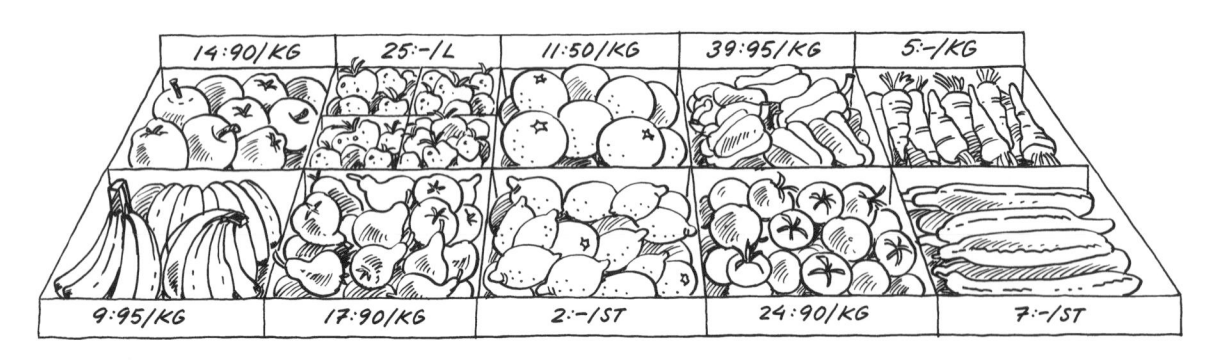

RÄKNEORD

4 Grundtal (muntlig övning)

Vilket telefonnummer har ...?

Oskar	11 39 56	Patrik	12 27 47
Niklas	13 77 94	Jan	413 14
Peter	15 07 70	Joakim	16 09 60
Urban	17 50 15	Bengt	18 90 19
Kjell	19 74 18	Sven	29 17 42
Tommy	71 12 27	Bosse	14 29 71
Mona	611 17 83	Ulrika	767 16
Astrid	65 30 02	Maja	29 54 40
Stina	211 45 07	Hanna	13 73 18
Sofia	15 93 03	Karin	681 41
Emma	230 85 67	Susanna	41 13 21
Bodil	16 59 19	Malin	22 72 47

Vilket riktnummer är det till ...?

Norrköping	011	Tranås	0140
Uppsala	018	Västerås	021
Falun	023	Rättvik	0248
Kungsbacka	0300	Göteborg	031
Borås	033	Värnamo	0370
Malmö	040	Ystad	0411
Hässleholm	0451	Falköping	0515
Åmål	0532	Åre - Järpen	0647
Piteå	0911	Haparanda	0922
Kiruna	0980	Stockholm	08

Vilket postnummer är det till ...?

Abisko	980 24	Sandhamn	130 39
Boda Glasbruk	360 65	Skanör	230 10
Duved	830 15	Smögen	450 43
Edsbyn	828 00	Stenstorp	520 50
Finnerödja	690 30	Storlien	830 19
Hammenhög	270 50	Sälen	780 67
Lessebo	360 50	Tyringe	282 00
Ljungbyhed	260 70	Ullared	310 60
Marstrand	440 30	Visingsö	560 34
Moheda	340 36	Vollsjö	270 33

© 1996 Fasth—Kannermark • *Kopiering förbjuden*

RÄKNEORD

Vilket personnummer har ...?

Astrid Lundin	080131-2083	Erik Lindgren	010211-1973
Maria Johansson	870320-4226	Karl Axelsson	540722-1892
Margareta Pålsson	741225-4167	Lars Jakobsson	570929-4311
Anna Karlsson	170430-6104	Gunnar Lundberg	050827-4177
Elisabet Nilsson	690517-5747	Nils Bergström	140618-2135
Kristina Larsson	540907-7525	Anders Mattson	671022-4777
Ulrika Hermansson	500113-2167	Leif Börjesson	450218-1597
Monica Vallin	891223-4222	Knut Pålsson	270521-9318
Susanne Nordin	860403-1487	Olof Borg	100111-8853
Agneta Ekström	830114-1544	Fredrik Höglund	880324-5133

Hur kan man av personnumret se om det tillhör en man eller en kvinna?

Vilket år/årtionde/århundrade är ... född?

Margit	1898	Arvid	1897
Sigrid	1912	Runo	1923
Ester	1915	Hakon	1919
Gunvor	1926	Björn	1929
Kristina	1936	Oskar	1933
Rut	1941	Emanuel	1947
Barbro	1944	Ove	1943
Carina	1956	Mikael	1959
Malin	1967	Fredrik	1963
Teresa	1976	Peter	1977
Elin	1987	Jonas	1985
Nina	1995	Stefan	1996

Hur lång är ...? Hur mycket väger ...? Hur mycket tjänar ...?

Kalle	1.98	99.5 kg	10.270:-/mån
Olle	1.73	87.2 kg	15.500:-/mån
Lisa	1.57	47.7 kg	12.600:-/mån
Lotta	1.65	57.8 kg	14.200:-/mån
Pelle	1.88	110.7 kg	17.300:-/mån
Janne	1.92	88.9 kg	27.800:-/mån
Gunilla	1.74	69.0 kg	21.700:-/mån
Sara	1.69	73.8 kg	35.500:-/mån
Lasse	1.55	54.6 kg	16.900:-/mån
Bosse	1.86	93.7 kg	25.400:-/mån
Emma	1.78	61.4 kg	11.350:-/mån

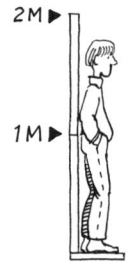

RÄKNEORD

Kroppstemperatur

Hur hög feber har ...?

Karin	37.6	Erik	36.9
Emma	38.0	Anna	38.3
Ulf	39.7	Kim	40.1
Tea	39.0	Rosa	36.5
Lars	37.8	Janne	38.9
Pontus	40.0	Tommy	39.2

Officiella tider

– När går bussen till Centralen? – 7.47.
– När kommer bussen från Lund? – 12.37.
– När går tåget till Luleå? – 15.00.
– När kommer tåget till Malmö? – 21.22.
– Hur dags går båten till Helsingör? – 19.25.
– Hur dags kommer båten från Åbo? – 23.05.
– Hur dags går färjan från Trelleborg? – 6.15.
– Hur dags kommer båten från Tallinn? – 18.30.
– När går planet från Sturup? – 9.45.
– När landar planet på Arlanda? – 14.20.
– När går planet från Kastrup? – 12.53.
– När landar planet på Landvetter? – 17.27.

RÄKNEORD

5 Substantiverade räkneord (1-12)

Siffror

Vilken siffra är det?

3 _en trea_   0 _____

6 _____   9 _____

1 _____   7 _____

4 _____   2 _____

8 _____   5 _____

Buss

– Vilken buss går till Centralen? (12)   – _Tolvan._

– Vilken buss går till Stadsteatern? (54)   – _____

– Vilken buss går till Stadion? (35)   – _____

– Vilken buss går till Folkets park? (36)   – _____

– Vilken buss går till flygplatsen? (107)   – _____

– Vilken buss går till travbanan? (11)   – _____

– Vilken buss går till IKEA? (32)   – _____

– Vilken buss går till universitetet? (8)   – _____

– Vilken buss går till stadsbiblioteket? (29)   – _____

– Vilken buss går till konserthuset? (43)   – _____

– Vilken buss går till sjukhuset? (41)   – _____

– Vilken buss går till stranden? (10)   – _____

RÄKNEORD

Årskurs

- I vilken årskurs går Lena? (åk 1) — *I ettan.*
- I vilken årskurs går Olof? (åk 5) — _____
- I vilken årskurs går Peter? (åk 7) — _____
- I vilken årskurs går Nils? (åk 6) — _____
- I vilken årskurs går Barbro? (åk 9) — _____
- I vilken årskurs går Sara? (åk 2) — _____
- I vilken årskurs går Niklas? (åk 8) — _____
- I vilken årskurs går Fredrik? (åk 3) — _____
- I vilken årskurs går Tobias? (åk 4) — _____

Lägenhet

- Hur stor lägenhet har Larssons? (4 r.o.k.) — *En fyra.*
- Hur stor lägenhet har Perssons? (2 r.o.k.) — _____
- Hur stor lägenhet har Olssons? (5 r.o.k.) — _____
- Hur stor lägenhet har Nilssons? (3 r.o.k.) — _____
- Hur stor lägenhet har Svenssons? (1 r.o.k.) — _____
- Hur stor lägenhet har Månssons? (6 r.o.k.) — _____

RÄKNEORD

6 Ordningstal – Datum (muntlig övning)

Man skriver: 25/4 *eller* (den) 25 april
Man säger: den tjugofemte i fjärde *eller* den tjugofemte april

Titta i rutan och svara på frågorna (A–Ö).

A 13/1	B 14/2	C 15/3	D 16/4
E 24/12	F 23/11	G 22/10	H 21/9
I 17/5	J 6/6	K 19/7	L 20/8
M 13/3	N 14/4	O 15/5	P 16/6
Q 17/7	R 18/8	S 19/9	T 20/10
U 30/6	V 25/8	X 18/7	Y 31/12
Z 26/12	Å 28/2	Ä 30/3	Ö 29/11

1 Vilket datum börjar kursen i spanska? (A)
2 Vilket datum är sista dagen i februari? (Å)
3 När är det annandag jul? (Z)
4 När fyller Karin år? (B)
5 Vilket datum åker Tom till Göteborg? (C)
6 När har Holger namnsdag? (Ä)
7 När kommer Per till Malmö? (D)
8 När är det Norges nationaldag? (I)
9 När ska Lotta gå till tandläkaren? (L)
10 Vilket datum har Greger namnsdag? (M)
11 När börjar Larssons sin semester? (P)
12 När är det julafton? (E)
13 Vilket datum fyller Anna år? (H)
14 När åker Lisa till London? (Q)
15 När slutar nybörjarkursen i data? (F)
16 När är det Sveriges nationaldag? (J)
17 Vilket datum fyller Lars år? (N)
18 När ska Perssons ha kräftskiva? (R)
19 När är det nyårsafton? (Y)
20 När ska Emma åka till Paris? (O)
21 Vilket datum kommer Eva? (Ö)
22 Vilket datum är sista dagen i juni? (U)
23 När åker Lasse till Umeå? (G)
24 När har Sara namnsdag? (K)
25 Vilket datum börjar Ante jobba? (V)
26 När ska Nilssons åka till Gotland? (X)
27 När firar Åsa och Tom bröllopsdag? (S)
28 Vilket datum har Sibylla namnsdag? (T)

Datum + årtal

Observera!
Man skriver t.ex.:   Man säger:

25/4 1996   den tjugofemte i fjärde nittonhundranittiosex
(den) 25 april 1996   den tjugofemte april nittonhundranittiosex
14/7 2005   den fjortonde i sjunde tjugohundrafem

VERB

Verb beskriver vad som händer eller vad någon/något gör, är, blir etc.
Verb är ord som genom sin böjning kan uttrycka tid och tidsrelationer.
Man talar om när något händer i förhållande till en bestämd tid, NU eller DÅ.

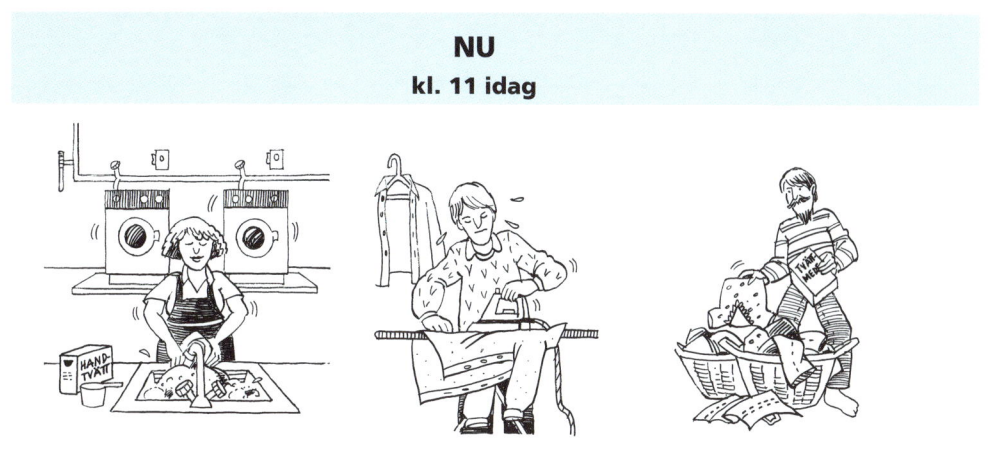

TVÄTTLISTA
tisdag 15 okt.

8 – 10
Per Olsson

10 – 12
Eva Lund

12 - 14
Olle Ek

NU
kl. 11 idag

Det är tisdag idag, och klockan är elva. Eva **tvättar**.
Per **stryker**. Han **har tvättat**.
Olle **sorterar tvätt**. Han **ska tvätta**.

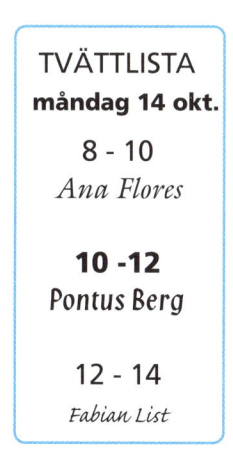

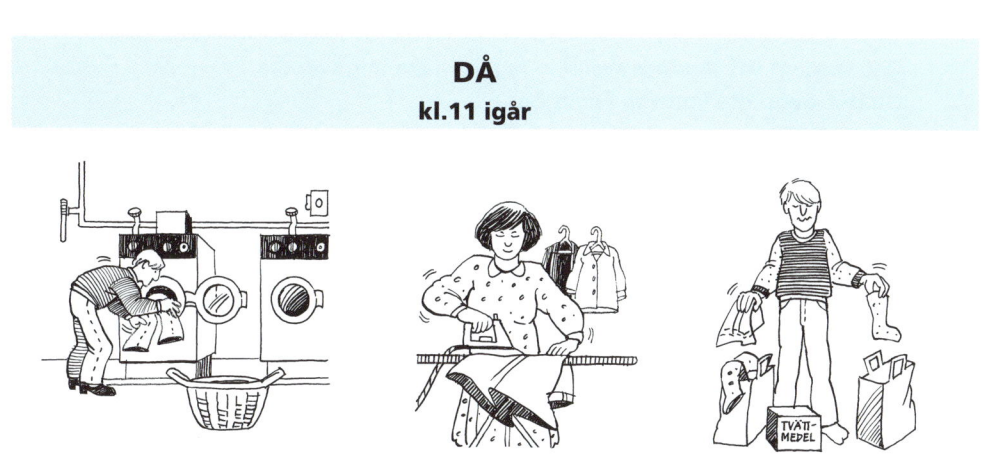

TVÄTTLISTA
måndag 14 okt.

8 - 10
Ana Flores

10 -12
Pontus Berg

12 - 14
Fabian List

DÅ
kl.11 igår

Det var måndag igår, och klockan var elva. Pontus **tvättade**.
Ana **strök**. Hon **hade tvättat**.
Fabian **sorterade tvätt**. Han **skulle tvätta**.

Former

Det finns fyra konjugationer (grupper) av verb. Grupp 1-3 har svag (regelbunden) böjning, och grupp 4 har stark/oregelbunden böjning.
Några av verbens former är:

	Grupp 1	*Grupp 2a*		*2b*	*Grupp 3*
Infinitiv	tvätta	hänga	köra	söka	sy
Imperativ	tvätta!	häng!	kör!	sök!	sy!
Presens	tvätta**r**	häng**er**	kör	sök**er**	sy**r**
Preteritum	tvätta**de**	häng**de**	kör**de**	sök**te**	sy**dde**
Supinum	tvätta**t**	häng**t**	kör**t**	sök**t**	sy**tt**

© 1996 Fasth—Kannermark • *Kopiering förbjuden*

VERB

Grupp 4

	Starka verb		*Oregelbundna verb*	
Infinitiv	dr**i**cka	skr**i**va	gå	veta
Imperativ	dr**i**ck!	skr**i**v!	gå!	vet!
Presens	dr**i**cker	skr**i**ver	går	vet
Preteritum	dr**a**ck	skr**e**v	**gick**	**visste**
Supinum	dr**u**ckit	skr**i**vit	gått	**vetat**

Starka verb har *avljud* d.v.s. byter vokal. I preteritum byter man oftast vokal, och man har ingen ändelse. I supinum byter man ibland vokal, och ändelsen är **-it**.

Oregelbundna verb har inget regelbundet böjningsmönster.

Se verblistan s. 261–263.

- **Infinitiv**-formen använder man efter infinitivmärket **att** och efter **vissa hjälpverb** samt efter en del andra verb. (Se s. 99.)

    Det är roligt **att studera** svenska. Jag **vill lära** mig svenska.
    Du **behöver** inte **komma** i morgon.

- **Imperativ**-formen använder man när man uppmanar (ber) någon/några att göra något.

    Tvätta dig! **Stäng** dörren! **Sätt** er!

- **Presens**- och **preteritum**-formerna använder man när man vill uttrycka tempus (tid).

    Jag **ska** (**skulle**) tvätta. Jag **tvättar** (**tvättade**). Jag **har** (**hade**) tvättat.

- **Supinum**-formen använder man efter **ha**, **har** och **hade**.

    Jag **har studerat** engelska. Jag **hade studerat** engelska innan jag åkte till England.
    – Varför kommer inte Pelle?   – Han kan **ha försovit** sig.

Presens, preteritum och imperativ är finita verbformer (uttrycker tempus).
Infinitiv och supinum är infinita verbformer (uttrycker inte själva tempus).

VERB

1 Verb – grupp 1

Infinitiv   tvätta
Imperativ   tvätta!
Presens   tvätta**r**
Preteritum   tvätta**de**
Supinum   tvätta**t**

Verben i grupp 1 har **-a** i alla former eftersom stammen slutar på -a.

Skriv alla former av verben. Se exempel.

Infinitiv	Imperativ	Presens	Imperfekt	Supinum
titta	*titta!*	*tittar*	*tittade*	*tittat*
betala				
studera				
jobba				
parkera				
arbeta				
städa				
bada				
duscha				
tala				
prata				
fråga				
svara				
stanna				
lämna				
hämta				
börja				
sluta				
hälsa				

© 1996 Fasth—Kannermark · *Kopiering förbjuden*

VERB

2 Verb – grupp 2

	2a				2b	
Infinitiv	hänga	säga*	köra	göra*	söka	sätta*
Imperativ	häng!	säg!	kör!	gör!	sök!	sätt!
Presens	hänger	säger	kör	gör	söker	sätter
Preteritum	hängde	sa(de)	körde	gjorde	sökte	satte
Supinum	hängt	sagt	kört	gjort	sökt	satt

Verben i grupp 2 får ett **-e** i presens eftersom stammen slutar på konsonant.
De verb som har ett -r i stammen, t.ex. *köra, lära, böra, göra* får ingen ändelse i presens.

I **2b** är ändelsen **-te** i preteritum i stället för *-de*. Det gäller alla regelbundna *-er*-verb som har **p, t, k, s, x** i stammen, t.ex. *köpa, möta, röka, läsa, sätta* och *växa*. Orsaken är att det är lättare att uttala de konsonanterna tillsammans med *-t* än med *-d*.

Svåra verb i grupp 2 markeras med en asterisk (*). Dessa verb får oftast **omljud**.

Skriv alla former av verben. Se exempel.

Infinitiv	Imperativ	Presens	Preteritum	Supinum
anmäla	anmäl!	anmäler	anmälde	anmält
behöva				
bygga				
fylla				
följa				
gälla				
höja				
ringa				
slänga				
stänga				
ställa				
svänga				
väga				
äga				

VERB

minnas	_minns!_	_minns_	_mindes_	_mints_
trivas				
bestämma	_bestäm!_	_bestämmer_	_bestämde_	_bestämt_
drömma				
glömma				
gömma				
tömma				
känna			_kände_	_känt_
hända		_händer_	_hände_	_hänt_
tända				
använda				
betyda		_betyder_	_betydde_	_betytt_
leva*				_levt/levat_
skilja*			_skilde_	_skilt_
smörja*			_smorde_	_smort_
sälja*			_sålde_	_sålt_
lägga*			_la(de)_	_lagt_
säga*			_sa(de)_	_sagt_
välja*			_valde_	_valt_
vänja*			_vande_	_vant_
begära	_begär!_	_begär_	_begärde_	_begärt_
hyra				
höra				
köra				
lära				
röra				
störa				

VERB

böra*			*borde*	*bort*
göra*			*gjorde*	*gjort*
blåsa	*blås!*	*blåser*	*blåste*	*blåst*
hjälpa				
klippa				
köpa				
leka				
låsa				
läsa				
märka				
resa				
röka				
släcka				
steka				
sänka				
söka				
tycka				
tänka				
väcka				
värka				
åka				
gifta	*gift!*	*gifter*	*gifte*	*gift*
byta	*byt!*	*byter*	*bytte*	*bytt*
möta				
sköta				
sätta*			*satte*	*satt*
växa*				*växt/vuxit*

VERB

3 Verb – grupp 3

Infinitiv	sy
Imperativ	sy!
Presens	sy**r**
Preteritum	sy**dde**
Supinum	sy**tt**

Verb i grupp 3 har lång vokal i stammen. Vokalen är dock kort i preteritum och supinum och därför får vi **-dde**, **-tt**.

Skriv alla former av verben. Se exempel.

Infinitiv	Imperativ	Presens	Preteritum	Supinum
bo	*bo!*	*bor*	*bodde*	*bott*
bero				
glo				
ro				
sno				
tro				
bre				
ske				
avsky				
bry				
fly				
spy				
sy				
må				
nå				
spå				
så				
klä				

VERB

4 Verb – grupp 4

Starka verb

Infinitiv	sitta	stiga	bjuda
Imperativ	sitt!	stig!	bjud!
Presens	sitter	stiger	bjuder
Preteritum	satt	steg	bjöd
Supinum	suttit	stigit	bjudit

Oregelbundna verb

Infinitiv	se	stå	ligga
Imperativ	se!	stå!	ligg!
Presens	ser	står	ligger
Preteritum	**såg**	**stod**	**låg**
Supinum	sett	stått	**legat**

Starka verb får ingen ändelse i preteritum. De byter oftast vokal i stället, t.ex. *satt, steg, bjöd*. Supinum slutar på **-it** och byter ibland vokal, t.ex. *suttit*.

Oregelbundna verb har inget regelbundet böjningsmönster.

Känner du igen verbformerna? Skriv de former som saknas. Se exempel. (Se eventuellt verblistan s. 261.)

Infinitiv	Imperativ	Presens	Preteritum	Supinum
vara	*var!*	*är*	*var*	varit
_____	_____	_____	_____	haft
_____	_____	_____	_____	druckit
_____	_____	_____	skrev	_____
_____	_____	_____	_____	kommit
_____	_____	_____	åt	_____
_____	_____	_____	_____	suttit
_____	_____	_____	blev	_____
_____	_____	_____	_____	bjudit
_____	_____	_____	steg	_____
_____	_____	_____	_____	beskrivit
_____	_____	_____	drog	_____
_____	_____	_____	_____	funnits
_____	_____	_____	sprang	_____

VERB

				skinit
			frös	
				vunnit
			sov	
			fick	
				försvunnit
			gav	
				legat
			hann	
				tagit
			visste	
				gått
			erbjöd	
				deltagit
			bröt	
			grät	
				sett
			avgick	
				sjungit
			flög	
				ankommit
			avbröt	
				låtit

VERB

				strukit
___	___	___	___	strukit
___	___	___	___	farit
___	___	___	bad	___
___	___	___	___	ansett
___	___	___	skrek	___
___	___	___	___	stått
___	___	___	tillät	___
___	___	___	___	hållit
___	___	___	slog	___
___	___	___	___	dött
___	___	___	avslog	___
___	___	___	___	förstått
___		___	hette	___
___	___	___	___	njutit

VERB

5 Presenssystemet

Så här uttrycker man tempus som har relation till NU.

```
←————————————————— NU —————————————————→

PERFEKT                 PRESENS                 FUTURUM
har + supinum                                   (uttrycks på olika sätt)
```

1 Det som händer *nu* står i

   PRESENS   Jag **bor** i Malmö.
                              Vi **studerar** svenska.

   Presens använder man också när talar om något som är *allmänt* eller om något som är *en vana*.

                              Det **snöar** i Sverige på vintern.
                              Jag **dricker** kaffe på morgonen.

2 Det som har *börjat före nu* och *fortsätter nu* står i

   PERFEKT   Jag **har bott** i Malmö sedan 1988.
                              Vi **har studerat** svenska i två månader nu.

3 Det som har *börjat före nu* och *slutat före nu* står i

   PERFEKT   Jag **har bott** i Paris i två månader.
                              Jag **har studerat** spanska.

   Man vet inte exakt "När". Det finns *ingen bestämd, avslutad tidpunkt*.

4 Det som händer *efter nu* uttrycker man med

   PRESENS + tidpunkt   Jag **åker** till Stockholm i morgon.

   SKA + infinitiv   Jag **ska börja** en kurs i engelska.
   (+ tidpunkt)   Vi **ska skriva** en uppsats på fredag.
                              Det **ska bli** regn i kväll.

   KOMMER ATT + infinitiv   Per Persson **kommer att bli** frisk inom en månad.
   (prognos)

VERB

6 Presenssystemet

← NU →

		NU	
Per	laga kaffe	fiska	rensa fisk
Klas	packa	flytta	möblera
Lena	ringa till Åsa	följa Emma till skolan	hänga tvätt
Olle, Ulf	störa grannen	hyra en lokal	lära sig spela trumpet
Karin	köpa en tidning	läsa platsannonser	söka jobb
Britta	må dåligt	må bra	klä på sig
Erik	stiga upp	äta frukost	gå till skolan

VERB

Titta på bilderna på föregående sida. Svara på frågorna. Se exempel.

1. Vad gör Per nu? — *Han fiskar.*
2. Vad har han gjort? — *Han har lagat kaffe.*
3. Vad ska han göra sedan? — *Han ska rensa fisk.*

4. Vad gör Klas nu?
5. Vad har han redan gjort?
6. Vad ska han göra sedan?

7. Vad gör Lena nu?
8. Vad har hon gjort?
9. Vad ska hon göra sedan?

10. Vad gör Olle och Ulf nu?
11. Vad har de gjort?
12. Vad ska de göra sedan?

13. Vad gör Karin nu?
14. Vad har hon gjort?
15. Vad ska hon göra sedan?

16. Hur mår Britta nu?
17. Hur har hon mått?
18. Vad ska hon göra?

19. Vad gör Erik nu?
20. Vad har han gjort?
21. Vad ska han göra sedan?

VERB

7 Perfekt

NU

Per	studera spanska *den 7 januari*	studera spanska
Lena	jobba som kock 1995	jobba som kock
Eva	väga 70 kg 1/1 1994	väga 70 kg
Olle	köra taxi 1/1 1993	köra taxi
Evert	röka pipa *januari 1985*	röka pipa
Kalle	bo på landet 1992	bo på landet
Sofia	stryka *kl. 10.00*	stryka

VERB

Titta på bilderna på föregående sida. Svara på frågorna. Se exempel.

1. Vad har Per gjort sedan den 7 januari?   *Han har studerat spanska.*
2. Studerar han fortfarande spanska?   *Ja.*

3. Vad har Lena gjort sedan 1995?   _____
4. Jobbar hon fortfarande som kock?   _____

5. Vad har Eva vägt sedan 1/1 1994?   _____
6. Väger hon fortfarande 70 kg?   _____

7. Vad har Olle gjort sedan den 1/1 1993   _____
8. Kör han fortfarande taxi?   _____

9. Vad har Evert gjort sedan januari 1985?   _____
10. Röker han fortfarande pipa?   _____

11. Var har Kalle bott sedan 1992?   _____
12. Bor han fortfarande på landet?   _____

13. Vad har Sofia gjort sedan klockan tio?   _____
14. Stryker hon fortfarande?   _____

VERB

8 Perfekt – presens

NU

Oskar	studera engelska	studera spanska
Janne	arbeta på Statoil	arbeta på Shell
Margit	fylla i en blankett	hänga tvätt
Peter	köra buss	köra taxi
Valter	röka cigarretter	röka pipa
Simon	bo på landet	bo i staden
Erik	sova	stryka

VERB

Titta på bilderna på föregående sida. Svara på frågorna. Se exempel.

1. Vad har Oskar gjort? *Han har studerat engelska.*
2. Studerar han fortfarande engelska? *Nej.*
3. Vad gör han nu? *Han studerar spanska.*

4. Vad har Janne gjort? _____
5. Arbetar han fortfarande på Statoil? _____
6. Vad gör han nu? _____

7. Vad har Margit gjort? _____
8. Fyller hon fortfarande i blanketten? _____
9. Vad gör hon nu? _____

10. Vad har Peter gjort? _____
11. Kör han fortfarande buss? _____
12. Vad gör han nu? _____

13. Vad har Valter gjort? _____
14. Röker han fortfarande cigarretter? _____
15. Vad gör han nu? _____

16. Var har Simon bott? _____
17. Bor han fortfarande på landet? _____
18. Var bor han nu? _____

18. Vad har Erik gjort? _____
20. Sover han fortfarande? _____
21. Vad gör han nu? _____

VERB

9 Perfekt

städa noga	vila mycket	ha många utgifter	glömma
dricka för mycket	jobba färdigt	inte äta	inte stänga fönstret
inte lära sig	~~läsa~~	slänga	inte må bra
~~arbeta för mycket~~	få blommor	slå sig	studera mycket
spara pengar	inte måla sig	inte tvätta sig	träna mycket

Svara på frågorna. Välj aktivitet. Se exempel.

1 – Varför är du så trött? – *Jag har arbetat för mycket.*

2 – Varför vill du inte låna den nya boken? – *Jag har läst den.*

3 – Hur kan du vara så pigg? – _____

4 – Varför är du så glad? – _____

5 – Varför är lilla Greta så ledsen? – _____

6 – Varför är Olle full? – _____

7 – Varför har du inga böcker med dig? – _____

8 – Varför är du så hungrig? – _____

9 – Varför är Pelle så smutsig? – _____

10 – Hur kan Lars vara så rik? – _____

11 – Varför kommer du hem så tidigt idag? – _____

12 – Hur kan det vara så rent här? – _____

13 – Varför kan du inte franska? – _____

14 – Hur kan du veta allt? – _____

15 – Hur kan dina pengar redan vara slut? – _____

16 – Varför har du träningsvärk? – _____

17 – Var är mina gamla skor? – _____

18 – Varför är det så kallt här? – _____

19 – Varför har du varit hemma idag? – _____

20 – Varför ser Anna så blek ut idag? – _____

10 Perfekt, presens eller futurum?

Välj rätt alternativ. Se exempel.

1 Man ____ portugisiska i Brasilien.
   a) talar *(circled)*   b) har talat   c) ska tala

2 Fatima ____ perfekt svenska nu.
   a) talar   b) har talat   c) ska tala

3 Anders ____ som läkare i 10 år. Han trivs mycket bra med sitt jobb.
   a) arbetar   b) har arbetat   c) ska arbeta

4 Anita ____ nästa vecka.
   a) flytta   b) har flyttat   c) ska flytta

5 Kalle ____ på Volvo i två år, men nu är han arbetslös.
   a) arbeta   b) har arbetat   c) ska arbeta

6 Jag ____ till Eva två gånger idag, men hon svarar inte.
   a) ringer   b) har ringt   c) ska ringa

7 Många affärer ____ klockan sex på vardagar.
   a) stänger   b) har stängt   c) ska stänga

8 – Oh, vilket fint hus du bor i! Vem ____ det?   – Byggmästare Larsson.
   a) bygger   b) har byggt   c) ska bygga

9 – Hur mycket ____ nu?
   – Usch, det säger jag inte.
   a) väger du   b) har du vägt   c) ska du väga

10 Jag tycker att du ____ vår lägenhet i andra hand när vi åker till USA nästa år.
   a) hyr   b) har hyrt   c) ska hyra

11 Jag ____ vad du säger. Tala högre!
   a) hör inte   b) har inte hört   c) ska inte höra

12 Jag ____ de engelska glosorna nu. Jag kan alla.
   a) lär mig   b) har lärt mig   c) ska lära mig

13 Pia ____ bil till jobbet varje dag. Hon tycker att det är bekvämt.
   a) kör   b) har kört   c) ska köra

14 Ursäkta att jag ____, men jag skulle vilja tala med dig.
   a) stör   b) har stört   c) ska störa

15 Ulf ____ taxi i tio år. Han tycker att det är roligt.
   a) kör   b) har kört   c) ska köra

VERB

16 Olle _____ i morgon. Han är väldigt långhårig.
   a) klipper sig   b) har klippt sig   c) ska klippa sig

17 Fru Petersson _____ grönsaker på torget varje fredag. De är billigare där än i affären.
   a) köper   b) har köpt   c) ska köpa

18 När jag _____ ytterdörren lägger jag mig.
   a) låser   b) har låst   c) ska låsa

19 Mikael studerar engelska nu. Han _____ juridik nästa år.
   a) läser   b) har läst   c) ska läsa

20 Aj, vad det _____ i magen!
   a) värker   b) har värkt   c) ska värka

21 – Hej, hur _____ idag?
   – Bara bra.
   a) mår du   b) har du mått   c) ska du må

22 – Vilken snygg jacka du har! Vem _____ den?   – Min syster.
   a) syr   b) har sytt   c) ska sy

23 Jag _____ i Malmö i 20 år, och jag trivs bra här.
   a) bor   b) har bott   c) ska bo

24 Jag har köpt en begagnad soffa som jag _____ när jag får tid.
   a) klär om   b) har klätt om   c) ska klä om

25 Jag kan tyvärr inte komma till jobbet idag. Jag _____ hela natten, och jag mår fortfarande illa.
   a) spyr   b) har spytt   c) ska spy

26 Linda sitter på tåget mellan Malmö och Stockholm. Hon _____ i Nässjö.
   a) stiger av   b) har stigit av   c) ska stiga av

27 – Vad _____ på morgnarna?
   – Smörgås och ägg.
   a) äter du   b) har du ätit   c) ska du äta

28 Vem _____ min penna? Jag kan inte hitta den.
   a) tar   b) har tagit   c) ska ta

29 Patrik lägger ett brev på brevlådan. Han _____ till en kompis.
   a) skriver   b) har skrivit   c) ska skriva

30 Jag _____ hela dagen. Jag blir nog sjuk.
   a) fryser   b) har frusit   c) ska frysa

VERB

11 Futurum

Presens, ska + infinitiv eller **kommer att + infinitiv?**

Välj rätt alternativ. Se exempel.

1. Vänta! Jag kommer snart. Jag _____ fönstret först.
   a) stänger bara   b) kommer bara att stänga   c) ska bara stänga

2. Hur ska jag klara provet i morgon? Jag är så nervös. Jag _____ allt.
   a) glömmer   b) kommer att glömma   c) ska glömma

3. – Hej då! Jag _____ hem sent i kväll.   – Jaså.
   a) kommer   b) kommer att komma   c) ska komma

4. – Har du läst den nya boken?   – Nej, men jag _____ den.
   a) läser   b) kommer att läsa   c) ska läsa

5. – Vad _____ till middag idag?   – Soppa.
   a) har vi   b) kommer vi att ha   c) ska vi ha

6. – Vad _____ till maten?   – Vi kan väl ta öl idag?
   a) dricker vi   b) kommer vi att dricka   c) ska vi dricka

7. Jag tycker att du _____ till skattemyndigheten och fråga varför du har fått kvarskatt.
   a) skriver   b) kommer att skriva   c) ska skriva

8. – Vad ska ni göra på semestern i sommar?   – Vi _____ en stuga i Spanien.
   a) hyr   b) kommer att hyra   c) ska hyra

9. Det _____ en ny TV-serie i kväll. Den får vi inte missa.
   a) startar   b) kommer att starta   c) ska starta

10. Jag _____ ryska innan jag blir för gammal.
    a) lär mig   b) kommer att lära mig   c) ska lära mig

11. Jag kan inte bestämma mig nu, men jag _____ på saken.
    a) tänker   b) kommer att tänka   c) ska tänka

12. – Vet du när Rapport _____?   – Ja, halv åtta som vanligt.
    a) börjar   b) kommer att börja   c) ska börja

13. Emil _____ att jag är en idiot när jag berättar vad jag har gjort.
    a) tycker   b) kommer att tycka   c) ska tycka

14. Många _____ i aids om man inte hittar någon effektiv medicin.
    a) dör   b) kommer att dö   c) ska dö

15. Det _____ julafton om tre veckor.
    a) är   b) kommer att vara   c) ska vara

© 1996 Fasth—Kannermark • *Kopiering förbjuden*

VERB

16 Usch, jag _____ mardrömmar i natt efter den här hemska filmen.
   a) drömmer   b) kommer att drömma   c) ska drömma

17 – Vet du hur länge Tages pass _____?   – Till år 2005.
   a) gäller   b) kommer att gälla   c) ska gälla

18 När jag kommer till Rumänien nästa år _____ mina släktingar.
   a) hälsar jag på   b) kommer jag att hälsa på   c) ska jag hälsa på

19 Jag _____ en sak för dig, men du måste lova att inte bli arg.
   a) berättar   b) kommer att berätta   c) ska berätta

20 Pappa _____ mig var jag har hittat den här pistolen. Det är jag nästan säker på.
   a) frågar   b) kommer att fråga   c) ska fråga

21 Jag _____ Lisa vid tåget om en kvart, så jag måste skynda mig.
   a) möter   b) kommer att möta   c) ska möta

22 Jag ska stiga upp tidigt i morgon bitti, för jag _____.
   a) tvättar   b) kommer att tvätta   c) ska tvätta

23 Om du _____ hem till mig ska jag bjuda dig på middag.
   a) kommer   b) kommer att komma   c) ska komma

24 – Vad _____ efter gymnasieskolan?   – Tyska.
   a) läser du   b) kommer du att läsa   c) ska du läsa

25 Mamma _____ när jag berättar den tråkiga nyheten i kväll.
   a) gråter   b) kommer att gråta   c) ska gråta

26 – Fröken, kan du inte hjälpa mig?   – Jo, jag _____ dig.
   a) hjälper   b) kommer att hjälpa   c) ska hjälpa

27 Om jag _____ rik någon gång ska jag köpa en villa till mina föräldrar.
   a) blir   b) kommer att bli   c) ska bli

28 Jag _____ läkare. Det verkar vara ett intressant jobb.
   a) blir   b) kommer att bli   c) ska bli

29 Du _____ Peter när du träffar honom.
   a) gillar   b) kommer att gilla   c) ska gilla

30 Lennart _____ högt av glädje när han får veta att hans fru är gravid.
   a) skriker   b) kommer att skrika   c) ska skrika

31 När jag _____ pensionär ska jag åka jorden runt.
   a) blir   b) kommer att bli   c) ska bli

32 Jag tror att jag _____ ett brev till mormor. Hon väntar nog på brev.
   a) skriver   b) kommer att skriva   c) ska skriva

VERB

33 – Mamma, jag vet inte vad jag _____ på diskot i kväll.
   – Ta din nya, korta kjol. Den är snygg.
   a) har på mig   b) kommer att ha på mig   c) ska ha på mig

34 – Jag _____ vid nästa hållplats. Kan du hjälpa mig med barnvagnen?
   – Javisst.
   a) stiger av   b) kommer att stiga av   c) ska stiga av

35 Patrik _____ 50 år på lördag.
   a) fyller   b) kommer att fylla   c) ska fylla

36 – Tycker du att jag _____ Eva en väckarklocka i julklapp?
   – Ja, det behöver hon. Hon kommer aldrig i tid till jobbet.
   a) ger   b) kommer att ge   c) ska ge

37 – Vill du följa med till Köpenhamn i kväll?
   – Nej, jag _____ upptagen i kväll.
   a) är   b) kommer att vara   c) ska vara

38 Jag tycker att du _____ till sjuksköterska. Det jobbet passar dig.
   a) studerar   b) kommer att studera   c) ska studera

39 – Maten är klar.   – Ja, jag kommer. Jag _____ händerna först.
   a) tvättar bara   b) kommer bara att tvätta   c) ska bara tvätta

40 Nu är det paus i fem minuter. Filmen _____ efter pausen.
   a) fortsätter   b) kommer att fortsätta   c) ska fortsätta

41 – Du _____ trött och illamående när du vaknar upp ur narkosen, sa sköterskan innan jag somnade.
   a) känner dig   b) kommer att känna dig   c) ska känna dig

42 Många anser att Sveriges medlemskap i EU _____ mycket för landet i framtiden.
   a) betyder   b) kommer att betyda   c) ska betyda

43 Det _____ torsdag i morgon.
   a) är   b) kommer att vara   c) ska vara

44 Jag måste gå och lägga mig nu, för jag _____ tidigt i morgon bitti.
   a) stiger upp   b) kommer att stiga upp   c) ska stiga upp

45 – Var _____ de här böckerna?   – Lägg dem på bordet i köket!
   a) lägger jag   b) kommer jag att lägga   c) ska jag lägga

VERB

12 Berätta!

Vad gör du en vanlig dag?

(På morgonen – på dagen – på kvällen)

_____
_____
_____
_____
_____
_____
_____
_____
_____

Vad har du gjort idag?

_____
_____
_____
_____

Vilka planer har du för lördag och söndag?

_____
_____
_____
_____

VERB

13 Preteritumsystemet

Så här uttrycker man tempus som har relation till DÅ.

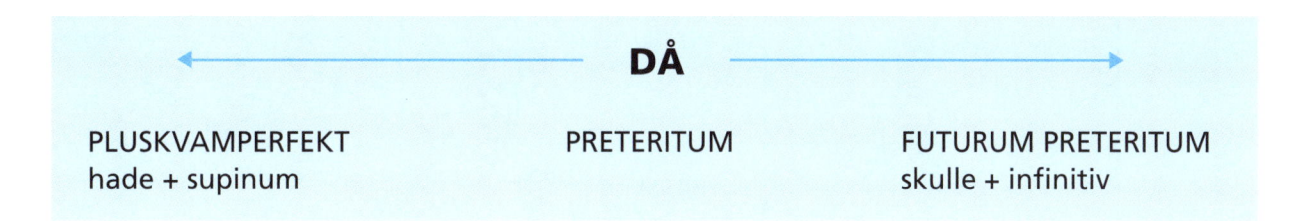

⟵──────────────────── **DÅ** ────────────────────⟶

| PLUSKVAMPERFEKT | PRETERITUM | FUTURUM PRETERITUM |
| hade + supinum | | skulle + infinitiv |

1 Det som slutade *före NU* vid en avslutad, bestämd tidpunkt står i

   PRETERITUM   Jag **träffade** Olle **igår**.   *aktiviteten är slut*
   tidpunkten är slut

   Man vet exakt "När", t.ex. igår, 1985, när jag var liten (jämför punkt 3 s. 75!)

2 När man vill uttrycka något som ligger *före preteritum* använder man

   PLUSKVAMPERFEKT   I morse **var** Eva pigg eftersom hon **hade sovit** gott hela natten.
   I morse **var** Eva pigg. Hon **hade** nämligen **sovit** gott hela natten.

3 När man vill uttrycka något som ligger *efter preteritum* använder man

   FUTURUM PRETERITUM   Igår morse **var** Eva på dåligt humör eftersom hon **skulle städa**.
   Igår morse **var** Eva på dåligt humör. Hon **skulle** nämligen **städa**.

VERB

14 Preteritumsystemet

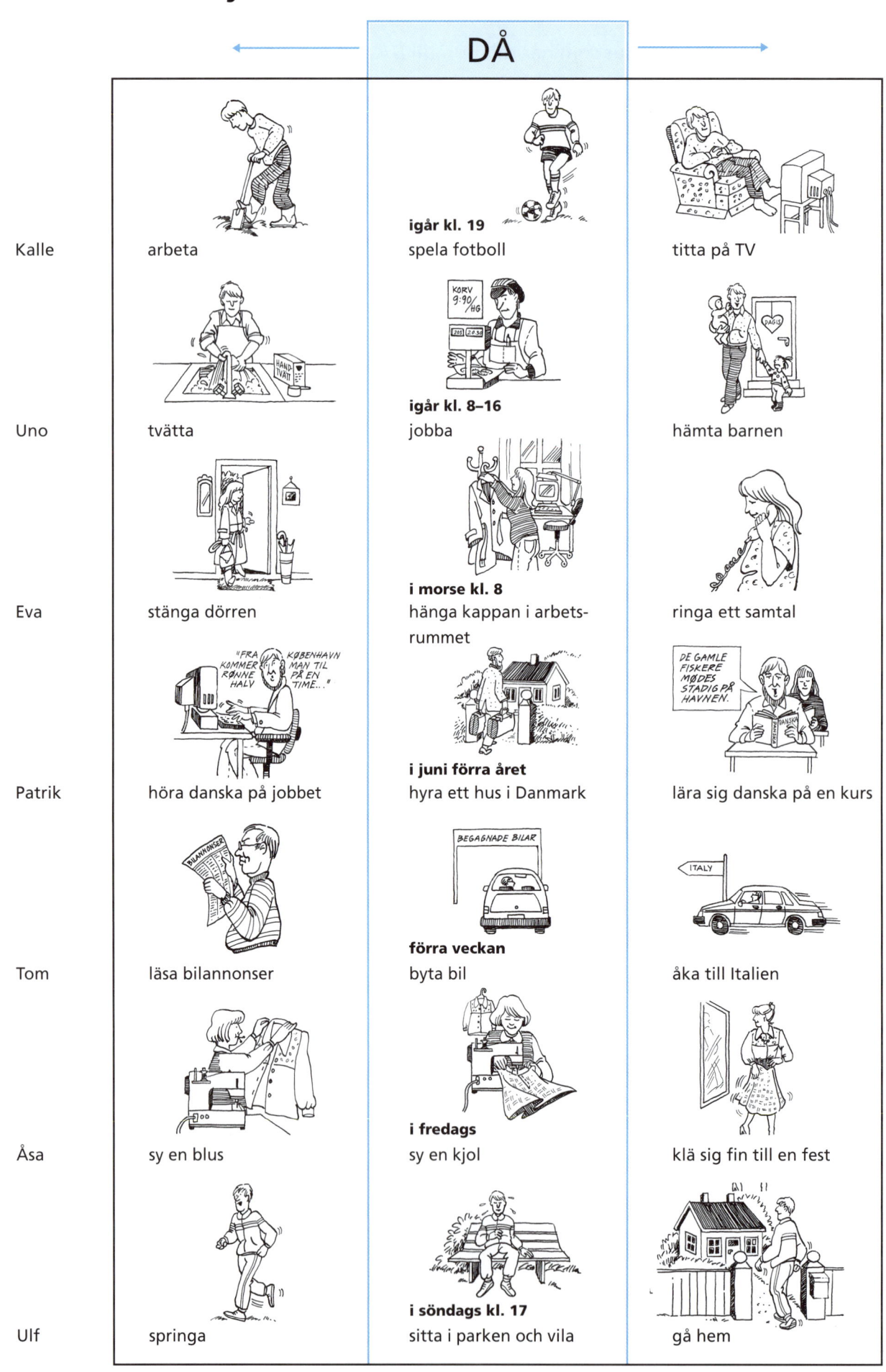

DÅ

Kalle	arbeta	**igår kl. 19** spela fotboll	titta på TV
Uno	tvätta	**igår kl. 8–16** jobba	hämta barnen
Eva	stänga dörren	**i morse kl. 8** hänga kappan i arbetsrummet	ringa ett samtal
Patrik	höra danska på jobbet	**i juni förra året** hyra ett hus i Danmark	lära sig danska på en kurs
Tom	läsa bilannonser	**förra veckan** byta bil	åka till Italien
Åsa	sy en blus	**i fredags** sy en kjol	klä sig fin till en fest
Ulf	springa	**i söndags kl. 17** sitta i parken och vila	gå hem

VERB

Titta på bilderna på föregående sida och svara på frågorna. Se exempel.

1. Vad gjorde Kalle igår kl. 19?   *Han spelade fotboll.*
2. Vad hade han gjort?   *Han hade arbetat.*
3. Vad skulle han göra sedan?   *Han skulle titta på TV.*

4. Vad gjorde Uno igår kl. 8-16?   _____
5. Vad hade han redan gjort?   _____
6. Vad skulle han göra sedan?   _____

7. Vad gjorde Eva i morse kl. 8?   _____
8. Vad hade hon gjort?   _____
9. Vad skulle hon göra sedan?   _____

10. Vad gjorde Patrik i juni förra året?   _____
11. Vad hade han redan gjort?   _____
12. Vad skulle han göra sedan?   _____

13. Vad gjorde Tom förra veckan?   _____
14. Vad hade han gjort?   _____
15. Vad skulle han göra sedan?   _____

16. Vad gjorde Åsa i fredags?   _____
17. Vad hade hon gjort tidigare?   _____
18. Vad skulle hon göra på lördagskvällen?   _____

19. Vad gjorde Ulf i söndags kl. 17?   _____
20. Vad hade han gjort?   _____
21. Vad skulle han göra sedan?   _____

© 1996 Fasth—Kannermark • *Kopiering förbjuden*

VERB

15 Pluskvamperfekt, preteritum eller futurum preteritum?

Välj rätt alternativ. Se exempel.

1 Olle _____ gymnasieskolan 1995.
   (a) slutade   b) hade slutat   c) skulle sluta

2 Åkes fru _____ maten när han kom hem. De var hungriga, så de började äta direkt.
   a) lagade   b) hade lagat   c) skulle laga

3 Oskar _____ alla räkningar i förrgår.
   a) betalade   b) hade betalat   c) skulle betala

4 Kalle var nervös eftersom han _____ sin nya chef senare på dagen.
   a) träffade   b) hade träffat   c) skulle träffa

5 När jag _____, klädde jag snabbt på mig och gick till bussen.
   a) duschade   b) hade duschat   c) skulle duscha

6 När jag _____ på mitt företag i 25 år fick jag en guldklocka.
   a) jobbade   b) hade jobbat   c) skulle jobba

7 Maja _____ 40 år i lördags.
   a) fyllde   b) hade fyllt   c) skulle fylla

8 Eva var glad eftersom chefen _____ hennes lön följande månad.
   a) höjde   b) hade höjt   c) skulle höja

9 När mina kusiner _____ sin villa flyttade de in i den.
   a) byggde   b) hade byggt   c) skulle bygga

10 Jag _____ till skolan i morse och anmälde att jag var sjuk.
   a) ringde   b) hade ringt   c) skulle ringa

11 När fångvaktarna kom in i cell nr 6 var den tom. Fången _____.
   a) rymde   b) hade rymt   c) skulle rymma

12 När jag _____ Juan i sex månader gifte vi oss.
   a) kände   b) hade känt   c) skulle känna

13 Ursäkta! Jag _____ vad du sa.
   a) hörde inte   b) hade inte hört   c) skulle inte höra

14 Karin anmälde sig till trafikskolan, för hon _____ att köra bil.
   a) lärde sig   b) hade lärt sig   c) skulle lära sig

15 När Åsa kom hem igår var lägenheten tom. Hennes man _____ till jobbet.
   a) åkte   b) hade åkt   c) skulle åka

16 När jag _____ 10 mil stannade jag för att vila och dricka kaffe.
   a) körde   b) hade kört   c) skulle köra

VERB

17 Medan jag var i Spanien _____ spanska.
   a) lärde jag mig   b) hade jag lärt mig   c) skulle jag lära mig

18 När Yvonne _____ i ett år råkade hon ut för en hemsk olycka.
   a) körde bil   b) hade kört bil   c) skulle köra bil

19 Det _____ hela dagen igår.
   a) blåste   b) hade blåst   c) skulle blåsa

20 Igår gick jag hem till Per, för jag _____ honom med ett nytt dataprogram.
   a) hjälpte   b) hade hjälpt   c) skulle hjälpa

21 När jag _____ ytterdörren ordentligt gick jag min väg.
   a) låste   b) hade låst   c) skulle låsa

22 I morse åkte jag till Centralen, för jag _____ min gamla mormor vid tåget.
   a) mötte   b) hade mött   c) skulle möta

23 Jag hittade mina nycklar när jag _____ efter dem i två timmar.
   a) sökte   b) hade sökt   c) skulle söka

24 I söndags morse _____ bra. Jag hade varit ute och festat hela natten.
   a) mådde jag inte b) hade jag inte mått c) skulle jag inte må

25 Kristina _____ i Dalarna när hon var liten.
   a) bodde   b) hade bott   c) skulle bo

26 Vera köpte tyg, för hon _____ en jacka till sin son.
   a) sydde   b) hade sytt   c) skulle sy

27 Göran var mycket orolig i morse, för han _____ till tandläkaren.
   a) gick   b) hade gått   c) skulle gå

28 När Björn _____ sin läkarexamen fick han jobb som underläkare.
   a) tog   b) hade tagit   c) skulle ta

29 I lördags _____ och tittade på TV hela kvällen.
   a) satt jag   b) hade jag suttit   c) skulle jag sitta

30 När Peter _____ färdigt brevet till sin flickvän gick han ut och postade det.
   a) skrev   b) hade skrivit   c) skulle skriva

31 Erik åkte till ortopedens akutmottagning igår kväll, för han _____ benet.
   a) bröt   b) hade brutit   c) skulle bryta

32 Pelle åkte till Arlanda i morse, för han _____ till Rom.
   a) flög   b) hade flugit   c) skulle flyga

33 När Janne _____ sina skjortor hängde han in dem i garderoben.
   a) strök   b) hade strukit   c) skulle stryka

VERB

34 Trots att alla elever inte ____ , började läraren lektionen.
   a) kom   b) hade kommit   c) skulle komma

35 För en vecka sedan ____ ett telegram från Paris.
   a) fick jag   b) hade jag fått   c) skulle jag få

36 Lena var alldeles röd i ögonen när hon kom till jobbet i morse. Hon ____ hela natten.
   a) grät   b) hade gråtit   c) skulle gråta

37 Igår kväll ____ sent, för jag hade nattgäster, och vi satt och pratade länge.
   a) la jag mig   b) hade jag lagt mig   c) skulle jag lägga mig

38 I lördags gick vi på bio när vi ____ .
   a) åt   b) hade ätit   c) skulle äta

39 Britta fick inte titta på TV, för hon ____ sina läxor.
   a) gjorde inte b) hade inte gjort   c) skulle inte göra

40 Mona och Anders firade guldbröllop igår. Då ____ gifta i 50 år.
   a) var de   b) hade de varit   c) skulle de vara

VERB

16 Perfekt – preteritum

bre smörgåsar	måla sig	väcka någon	~~träffa någon~~
raka sig	köpa något	bädda	tala med någon
duscha	laga frukost	läsa tidningen	hjälpa någon
tvätta	dricka kaffe	höra nyheterna	skriva något
kamma sig	krama någon	sjunga	titta på TV
diska	röka	pussa någon	jobba

Vad har du gjort idag? Välj aktivitet. Se exempel.

Jag har träffat Erkki.

När gjorde du det?

Jag träffade honom i morse.
Det gjorde jag i morse.

VERB

17 Perfekt – preteritum

vara på disko	ringa till någon	~~bjuda någon på något~~	städa
storhandla	betala räkningar	spela något	dansa
låna böcker	beställa något	köra bil	lära sig något
hjälpa någon	klippa sig	läsa något	putsa fönster
vara i/på/hos ...	må dåligt	stryka	försova sig
glömma något	hälsa på någon	laga något	missa bussen

Vad har du gjort de senaste veckorna? När gjorde du det?
Välj aktivitet. Se exempel.

Jag har bjudit Eva på bio.   *Jag bjöd henne på bio i lördags.*
                               Det gjorde jag i lördags.

VERB

18 Imperativ

akta sig	hjälpa	parkera här	sätta sig
flytta	klappa	röka	söka
fylla	klippa (sig)	slänga	~~torka~~
gå ut	klä på	stryka	tro
hyra	~~låsa dörren~~	stänga	tvätta

Vad ska jag (inte) göra? Välj aktivitet. Se exempel.

1 Golvet i badrummet är vått. *Torka det!*
2 Jag har ingen nyckel. *Lås inte ytterdörren!*
3 Min termos är tom.
4 Ditt hår är för långt.
5 Tobak är farligt.
6 Lilla Petra är naken.
7 Din kjol är skrynklig.
8 Dina skjortor är smutsiga.
9 De här tidningarna är gamla.
10 Den här lägenheten är ledig.
11 Lars ljuger inte.
12 Den här stolen är ledig.
13 Köksdörren är öppen.
14 Det är förbjudet att parkera här.
15 Tomas hund är snäll.
16 Jobbet som vaktmästare är ledigt.
17 Det här bordet kan inte stå här.
18 Fru Berg behöver hjälp.
19 Torstens hund är farlig.
20 Det är minus 25 grader ute.

VERB

19 Berätta!

Vad gjorde du förra veckan?

VERB

20 Huvudverb och hjälpverb

En sats måste alltid innehålla minst ett verb. Verbet kan stå i imperativ, presens eller preteritum. Om det finns flera verb är det bara det första verbet som markerar tid. Detta verb kallas *finit verb*. Det är det verbet som bildar grupp med subjektet. (Se avsnittet Ordföljd s. 239!)

1 **Huvudverb** är verb som kan stå ensamma.

komma	**Kom** hit!
äta	Per **äter** på jobbet varje dag.
studera	Jag **studerade** engelska i London 1988.

2 **Hjälpverb** är verb som man använder framför andra verb.

Följande hjälpverb står med ren infinitiv (= utan *att*):

kunna	kan	kunde	kunnat
vilja	vill	ville	velat
	måste	måste	måst
få	får	fick	fått
skola	ska	skulle	skolat
böra	bör	borde	bort

+ *infinitiv*

Andra verb kan också stå med ren infinitiv, t.ex.

bruka	brukar	brukade	brukat
behöva	behöver	behövde	behövt

+ *infinitiv*

Ha och *vara* kan också vara hjälpverb men står med supinum respektive perfekt particip.

ha	har	hade

+ *supinum*

vara	är	var	varit

+ *perfekt particip*

VERB

21 Något om användningen av hjälpverb

		Uttrycker:
kunna	Jag **kan** spela piano. Jag **kunde** inte komma igår.	kunskap, förmåga möjlighet
vilja	Jag **vill** sova nu. När jag var liten **ville** jag bli polis.	vilja, önskan
måste	Vi **måste** arbeta nu, men ni **behöver inte** arbeta. Igår **måste** jag (var jag tvungen att) åka till sjukhuset med Lillan. Du **måste** vara tyst! OBS! "måste inte" ersätts med behöver/behövde inte	tvång, plikt uppmaning
få	Olle **får** köra bil. Han har körkort. Kalle **fick** låna pappas bil igår. Nu **får** (=måste) ni vara tysta! – **Får** jag låna telefonen? – Javisst.	tillstånd, tillåtelse tvång, uppmaning möjlighet
skola	Det **ska** bli regn i morgon. Vi **ska** åka till Paris i morgon. De sa att de **skulle** gå på teater. Du **ska** (= måste) vara hemma före tio.	futurum avsikt + futurum tvång, krav
böra	Du **bör** stanna hemma om du har feber. Doktorn sa att jag **borde** sluta röka.	råd

behöva	Jag **behöver** vila en stund. Eva **behövde** dricka mycket efter träningen igår. – **Behöver** (= måste) jag komma i morgon? – Nej, du **behöver** inte (= "måste inte") komma.	behov, nödvändighet tvång
bruka	Helena **brukar** stiga upp tidigt. När jag var liten **brukade** jag sova i mammas säng.	vana

ha	– **Har** du sovit gott? – Ja. När jag kom hem **hade** min man lagat mat.	
vara	Boken **är** beställd i mitt namn. Rummet **är** beställt i mitt namn. Biljetterna **är** beställda i mitt namn.	

VERB

22 Hjälpverb med infinitiv

Välj bland verben på föregående sida. Se exempel. (Flera alternativ är ibland möjliga.)

1 – Vad __ska__ Jens göra i morgon?

   – Han _____ åka till Köpenhamn.

2 Lisa är bara sju månader. Hon _____ inte gå.

3 – _____ jag låna en cigarrett av dig? Jag har glömt mina hemma.

   – Javisst. Varsågod!

4 Martin har inte något körkort, så han _____ inte köra bil.

5 – Vad _____ vi ha till middag?

   – Fisk.

   – Jag _____ inte ha någon mat idag, för jag tycker inte om fisk.

6 Man _____ inte spela fotboll när man är förkyld och har feber.

7 – Är den stolen ledig?

   – Javisst. Du _____ sätta dig där.

8 Jag _____ städa på fredagarna.

9 – _____ du simma?

   – Oh ja. Jag _____ simma minst en gång i veckan.

10 Du _____ göra som jag säger!

11 Eva _____ gå hem, för hon tycker att det är tråkigt i skolan.

12 – Vart _____ du gå?

   – Jag _____ gå till kiosken.

   – _____ du köpa en kvällstidning till mig?

   – Javisst.

13 Erik _____ spela på Lotto varje vecka. Han _____ så gärna vinna.

14 – Varför har jag fått parkeringsböter?

   – Man _____ inte parkera här.

15 – _____ vi ta med oss våra böcker i morgon? Vi ska ju gå på studiebesök.

© 1996 Fasth—Kannermark • *Kopiering förbjuden*

VERB

– Nej. Ni _____ inte ta med er böckerna, men ni _____ ta med er papper och penna så att ni _____ anteckna.

16 Man _____ gå till tandläkaren minst en gång om året. Det är bra om man gör det.

17 Jag hinner inte hjälpa dig. Du _____ faktiskt bädda själv.

18 – Jag _____ inte klippa mig mamma, sa Nils.

– Du _____ klippa dig. Ditt hår är alldeles för långt, sa hans mamma.

19 Man _____ betala hyran i tid. Annars kan man bli vräkt.

20 – Var _____ man röka?

– I rökrummet.

21 Alla barn i Sverige _____ gå i skolan.

22 – _____ du ha kaffe eller te?   – Kaffe, tack.

23 Man _____ äta frukt och grönsaker varje dag. Det är nyttigt.

24 – Mamma, _____ jag hyra en videofilm i kväll?

– Nej, min lilla vän. Du _____ göra dina läxor, och sedan _____ du sova.

25 Jag _____ inte laga mat idag, för vi _____ gå ut och äta efter jobbet.

26 – _____ du låna mig en hundralapp?

– Nej, tyvärr. Jag har inga pengar med mig idag.

27 Vi _____ tyvärr inte vänta på dig, för vår buss går om fem minuter.

28 Stina har två snygga kappor. Hon _____ inte köpa någon ny i år.

29 – Hjälp! Jag _____ inte skriva den här övningen.

– Vänta lite! Jag _____ strax hjälpa dig.

30 Nu _____ vi sluta, för klockan är mycket.

VERB

23 Hjälpverb med infinitiv

Använd ett hjälpverb i varje fråga. Se exempel. (Flera alternativ är ibland möjliga.)

1 – Hur ofta _brukar_ du städa? – En gång i veckan.

2 – Vart _____ du åka på söndag? – Till Stockholm.

3 – Varför _____ du jobba så mycket? – Jag behöver pengar.

4 – Hur ofta _____ man borsta tänderna? – Minst två gånger om dagen.

5 – Vid vilken ålder _____ man gifta sig i Sverige? – Vid 18 års ålder.

6 – Varför _____ du redan gå? – Jag är så trött.

7 – Hur dags _____ du komma hem till mig? – Efter klockan tre. Jag slutar vid tre.

8 – Vem _____ du träffa i kväll? – Min bror.

9 – Var _____ man köpa ett telefonkort? – I Pressbyrån t.ex.

10 – När _____ ni äta middag på vardagarna? – Vid femtiden.

11 – Varför _____ du så gärna resa till Mexiko? – Jag är intresserad av indianernas kultur.

12 – Varför _____ man inte slänga gamla batterier bland hushållssoporna? – Batterierna innehåller giftiga ämnen.

13 – Hur dags _____ du stiga upp för att komma i tid till jobbet? – Senast klockan sex.

14 – Varför _____ Per inte köpa vin på Systembolaget? – Han är bara 18 år.

15 – Hur gammal _____ man vara för att få köpa alkohol på Systembolaget? – 20 år.

16 – Varför _____ Axel inte ha med sig passet till Danmark? – Han är svensk.

17 – Varför _____ Marco inte arbeta i Sverige? – Han har inget arbetstillstånd.

18 – Varför _____ du köra så fort? – Jag är försenad, och mitt plan går om tio minuter.

© 1996 Fasth—Kannermark • Kopiering förbjuden

VERB

24 Hjälpverb med infinitiv

Svara på frågorna med hela meningar. Använd ett hjälpverb i varje mening.

1 Vad ska du göra i kväll?

2 Vad vill du helst göra när du är klar med dina studier i svenska?

3 Vad kan man göra på ett gym?

4 Vad får man göra när man har fyllt 20 år?

5 Vad måste du göra på morgnarna?

6 Vad bör man inte göra om man har ont i magen?

7 Vad behöver du inte göra på lördagar och söndagar?

8 Vad brukar du göra på kvällarna?

9 Vad ska du göra när du har gjort den här övningen?

10 Vad vill du göra nu?

11 Vad kan man göra i skogen?

12 Vad får man göra när man är 18 år?

VERB

13 Vad måste du göra om polisen stoppar dig?

14 Vad bör man göra om man känner sig trött?

15 Vad behöver man inte göra om man är pensionär?

16 Vad brukar du göra på fredagarna?

17 Vad kan man göra på rea?

18 Vad brukar man göra efter maten?

19 Vad ska du göra på söndag?

20 Vad vill du göra på lördag?

VERB

25 Från presens till preteritum

Ändra nedanstående meningar. Skriv verben i preteritum. Se exempel.

1. Mikael vill inte äta, för han är inte hungrig.
   Mikael ville inte äta, för han var inte hungrig.

2. Lena och Rickard vill gå på bio, men de har inte några pengar.

3. Vi ska hälsa på mormor, för hon är sjuk.

4. Camilla kan inte komma på min fest, för hon har ingen barnvakt.

5. De små barnen på dagis måste stanna inne, för det är så kallt ute.

6. Åsa ska köpa en ny klänning, för hon är bjuden på bröllop.

7. Jag måste ta bussen därför att det regnar så mycket.

8. Jag kan inte gå ut i regnet, för jag har inget paraply.

9. Lasse får inte köra bil, för han har inte något körkort.

10. Jag måste sluta röka därför att det är så dyrt.

11. Bosse vill gifta sig med Anna, för han älskar henne.

12. Rolf brukar bara dricka en kopp kaffe på morgnarna, för han är inte så hungrig då.

13. Du behöver inte hjälpa mig, för jag kan göra det själv.

VERB

14 Eva kan sjunga, och hennes syster kan spela gitarr.

15 Jag vill köpa nya kläder, men jag har inga pengar.

16 Ali får inte stanna i Sverige, för han har inget uppehållstillstånd.

17 Jag brukar vara hemma på kvällarna, för jag vill inte gå ut.

18 Stina måste gå hem, för hon mår inte bra.

19 Vi får inte prata så högt, för grannarna sover.

20 Kjell-Arne kan inte åka skidor därför att han har ont i en fot.

21 Mats ska lämna in sina byxor på kemtvätt eftersom de är smutsiga.

22 Hanna vill träffa sin pojkvän, men hon måste stanna hemma och göra sina läxor.

23 Jag kan inte diska, för det finns inget varmvatten.

24 Matti brukar resa till Helsingfors ett par gånger om året eftersom han vill hälsa på sina vänner där.

25 Eleverna får göra svåra övningar, för läraren vill att de ska lära sig svenska.

VERB

26 Kortsvar

Kortsvar använder man när man svarar *ja, jo, nej* på en fråga.

Arbetar du nu?	Ja, det **gör** jag.
	Nej, det **gör** jag inte.
Arbetade du igår?	Ja, det **gjorde** jag.
	Nej, det **gjorde** jag inte.
Har du arbetat?	Ja, det **har** jag.
	Nej, det **har** jag inte.
Hade du semester i fjol?	Ja, det **hade** jag.
	Nej, det **hade** jag inte.
Är du arbetslös nu?	Ja, det **är** jag.
	Nej, det **är** jag inte.
Var du arbetslös förra året?	Ja, det **var** jag.
	Nej, det **var** jag inte.
Kan du tala svenska?	Ja, det **kan** jag.
	Nej, det **kan** jag inte.
Kunde du tala svenska förra året?	Ja, det **kunde** jag.
	Nej, det **kunde** jag inte.
Gör du dina läxor på kvällen?	Ja, det **gör** jag.
	Nej, det **gör** jag inte.
Gjorde du dina läxor i går kväll?	Ja, det **gjorde** jag.
	Nej, det **gjorde** jag inte.

REGEL:
*När det bara finns ett **huvudverb** i frågan brukar man ersätta detta i svaret med verbet **göra** i samma tempus.*
*När man svarar på frågor som börjar med ett **hjälpverb** eller verben **vara, ha, göra** m.fl. upprepar man dessa verb i samma tempus i svaret.*

*Om frågan innehåller **en negation** t.ex. inte, aldrig måste ett jakande svar börja med **Jo.***

Ska du *inte* jobba i morgon?	**Jo**, det ska jag.
	Nej, det ska jag inte.
Har Roger *aldrig* varit i Paris?	**Jo**, det har han.
	Nej, det har han inte.
Kommer ni *inte* på fredag?	**Jo**, det gör vi.
	Nej, det gör vi inte.

27 Kortsvar

Svara på följande frågor. Använd kortsvar. Se exempel.

1. – Har Bertil några pengar? – Ja, *det har han.*
2. – Hade han några pengar förra veckan? – Nej, *det hade han inte.*
3. – Hade Peter någon flickvän förra året? – Ja, _____
4. – Har han någon flickvän nu? – Nej, _____

5. – Är Kristina ledig idag? – Ja, _____
6. – Var hon ledig igår också? – Nej, _____

7. – Ska Maria och Juan stanna i Sverige? – Nej, _____
8. – Får de inte stanna här? – Jo, _____

9. – Snöade det i Luleå igår? – Ja, _____
10. – Snöar det fortfarande? – Nej, _____

11. – Kunde Evas vänner hjälpa henne igår? – Ja, _____
12. – Ville hon ha hjälp? – Ja, _____

13. – Måste Sofia och Åke redan gå? – Ja, _____
14. – Måste Kalle laga mat varje dag? – Nej, _____
15. – Lagar fru Jansson mat varje dag? – Nej, _____

16. – Bor Lena inte här i staden? – Jo, _____
17. – Är hennes lägenhet modern? – Ja, _____
18. – Var Kajsa hemma hos henne igår? – Nej, _____
19. – Ska hon inte flytta från staden? – Jo, _____

VERB

20 – Kan Ivan simma? — – Nej, _____

21 – Går han inte i simskola? — – Jo, _____

22 – Får Ann och Pia gå hem från skolan när de vill? — – Nej, _____

23 – Gör de sina läxor ordentligt? — – Ja, _____

24 – Ligger Italien i Europa? — – Ja, _____

25 – Har du varit där? — – Nej, _____

26 – Vill du inte åka dit? — – Jo, _____

27 – Är David sjuk idag? — – Ja, _____

28 – Var han sjuk igår också? — – Nej, _____

29 – Har Eva och Per någon bil nu? — – Nej, _____

30 – Hade de inte någon bil förra året? — – Jo, _____

31 – Åker de buss till jobbet? — – Ja, _____

32 – Kan Milan tala svenska? — – Ja, _____

33 – Kunde han tala svenska förra året? — – Nej, _____

34 – Talar Milan svenska med sin fru? — – Nej, _____

35 – Spelar Carina piano varje dag? — – Ja, _____

36 – Spelade hon piano igår? — – Nej, _____

37 – Ville hon inte spela piano igår? — – Jo, _____

38 – Bör man hälsa på sina grannar? — – Ja, _____

39 – Dricker dagisbarnen kaffe efter maten? — – Nej, _____

40 – Är den här övningen svår? — – _____

VERB

27 Kortsvar

Svara på följande frågor. Använd kortsvar. Se exempel.

1 – Har Bertil några pengar? – Ja, *det har han.*
2 – Hade han några pengar förra veckan? – Nej, *det hade han inte.*
3 – Hade Peter någon flickvän förra året? – Ja, _____
4 – Har han någon flickvän nu? – Nej, _____

5 – Är Kristina ledig idag? – Ja, _____
6 – Var hon ledig igår också? – Nej, _____

7 – Ska Maria och Juan stanna i Sverige? – Nej, _____
8 – Får de inte stanna här? – Jo, _____

9 – Snöade det i Luleå igår? – Ja, _____
10 – Snöar det fortfarande? – Nej, _____

11 – Kunde Evas vänner hjälpa henne igår? – Ja, _____
12 – Ville hon ha hjälp? – Ja, _____

13 – Måste Sofia och Åke redan gå? – Ja, _____
14 – Måste Kalle laga mat varje dag? – Nej, _____
15 – Lagar fru Jansson mat varje dag? – Nej, _____

16 – Bor Lena inte här i staden? – Jo, _____
17 – Är hennes lägenhet modern? – Ja, _____
18 – Var Kajsa hemma hos henne igår? – Nej, _____
19 – Ska hon inte flytta från staden? – Jo, _____

VERB

20 – Kan Ivan simma? — Nej, _____

21 – Går han inte i simskola? — Jo, _____

22 – Får Ann och Pia gå hem från skolan när de vill? — Nej, _____

23 – Gör de sina läxor ordentligt? — Ja, _____

24 – Ligger Italien i Europa? — Ja, _____

25 – Har du varit där? — Nej, _____

26 – Vill du inte åka dit? — Jo, _____

27 – Är David sjuk idag? — Ja, _____

28 – Var han sjuk igår också? — Nej, _____

29 – Har Eva och Per någon bil nu? — Nej, _____

30 – Hade de inte någon bil förra året? — Jo, _____

31 – Åker de buss till jobbet? — Ja, _____

32 – Kan Milan tala svenska? — Ja, _____

33 – Kunde han tala svenska förra året? — Nej, _____

34 – Talar Milan svenska med sin fru? — Nej, _____

35 – Spelar Carina piano varje dag? — Ja, _____

36 – Spelade hon piano igår? — Nej, _____

37 – Ville hon inte spela piano igår? — Jo, _____

38 – Bör man hälsa på sina grannar? — Ja, _____

39 – Dricker dagisbarnen kaffe efter maten? — Nej, _____

40 – Är den här övningen svår? — _____

VERB

28 Kortsvar

Svara på frågorna.

1 – Kan du köra bil? – _____

2 – Får du köra bil? – _____

3 – Måste du sluta tidigare idag? – _____

4 – Kunde du läsa när du var sex år? – _____

5 – Kan du inte tala engelska? – _____

6 – Har du studerat något annat språk? – _____

7 – Hade du något arbete i ditt hemland? – _____

8 – Röker du? – _____

9 – Brukar du laga mat varje dag? – _____

10 – Bor du ensam? – _____

11 – Var du lärare i ditt hemland? – _____

12 – Gillar du inte rödvin? – _____

13 – Ville du bli pilot när du var liten? – _____

14 – Kommer du inte från Europa? – _____

15 – Sover du gott på nätterna? – _____

16 – Brukar du gå på bio? – _____

17 – Läser du några svenska tidningar? – _____

18 – Dricker du aldrig kaffe? – _____

19 – Ska du inte dricka kaffe på pausen? – _____

20 – Fick du röka när du gick i skolan? – _____

21 – Är du gift? – _____

22 – Kom du ensam till Sverige? – _____

23 – Har du aldrig varit i Stockholm? – _____

24 – Är det roligt att studera svenska? – _____

25 – Trivs du inte i Sverige? – _____

26 – Vill du sluta skriva nu? – _____

© 1996 Fasth—Kannermark • Kopiering förbjuden

VERB

29 Rätt verbform

Skriv rätt form av verben. Se exempel.

1 cykla — _Cyklar_ du till jobbet varje dag? — Javisst.

   cykla/regna — Men idag har du väl inte _cyklat_? Det _regnar_ ju så mycket.

   vara — Jo, det har jag, för det _____ faktiskt jättefint väder i

   skina/vara morse. Solen _____, och himlen _____ alldeles blå.

2 veta/röka — _____ du inte att det är farligt att _____?

   vara/sluta — Jo, men det _____ så svårt att _____.

   pröva — Har du inte _____ nikotinplåster eller nikotintuggummi?
   — Nej.

   göra — _____ det!

3 höra/säga — _____ du inte vad jag _____ för en stund sedan?

   göra/säga — Nej, det _____ jag inte. _____ det en gång till!

4 sitta/vänta — Hur länge har ni _____ här och _____?
   — Tjugo minuter.

   se/stanna — Oj då! — Ja, nu _____ jag att min klocka har _____.
   Ursäkta!

5 handla — Hur ofta brukar du _____?

   må — En gång i veckan. Men förra veckan _____ jag inte bra, så

   kunna/gå jag _____ inte _____ ut.

   ringa/ha — Varför _____ du inte till mig? Jag _____ ju semester då.

   säga/komma Jag har ju _____ att jag kan _____ till dig om du

   behöva _____ hjälp.

VERB

6 *lägga* – Vet du var jag har _____ mina glasögon? Jag kan inte

  hitta _____ dem.

  leta – Har du _____ överallt? – Ja.

  tänka/göra – _____ efter en gång till! Vad _____ du i morse?

  stiga/duscha – Inget speciellt. När jag hade _____ upp _____ jag. Sen ...

  minnas/lägga Javisst ja! Nu _____ jag. Jag _____ dem på en hylla i

  badrummet.

7 *köra/tycka* Emil _____ bil till jobbet varje dag. Han _____ att det

  vara/ta _____ bekvämare än att _____ bussen.

  vara/köra Det _____ förstås mycket dyrare att _____ bil än

  åka att _____ buss.

8 *ha* – Vill du _____ lite mera kaffe?

  dricka – Nej tack. Jag har redan _____ för mycket kaffe idag.

  säga/dricka Min läkare har _____ att jag inte får _____ så mycket

  sluta/röka kaffe och att jag måste _____ _____.

9 *glömma/tvätta* – Ove, _____ inte att _____ bilen !

  göra – Det har jag redan _____.

  hjälpa/städa – Så bra! Då kan du _____ mig att _____.

10 *använda* – Hur ofta får du _____ tvättstugan?

  – När som helst. Om den är ledig, förstås. Vi har inga fasta tvättider.

  tvätta Jag har faktiskt _____ två gånger den här veckan, men jag

  stryka/göra har inte _____ tvätten än. Det ska jag _____ i kväll.

11 *komma* – Vilka _____ på festen på lördag?

  bjuda – Jag har _____ alla mina kompisar, och nästan alla har

  tacka _____ ja.

© 1996 Fasth—Kannermark • *Kopiering förbjuden*

VERB

12   – Vilken snygg kappa du har!

   höra/sy   – Tack. Det var roligt att _____. Jag har faktiskt _____ den själv.

   sy/ lära   – Är du så duktig på att _____? Var har du _____ dig det?

   gå   – Jag _____ på en sykurs förra året.

13 *äta*   – Vad har du _____ idag?

   dricka   – Ingenting. Jag _____ bara kaffe i morse.

   äta   – Du måste _____ en ordentlig frukost varje morgon.

   veta/vara   – Ja, jag _____ det, men jag _____ inte hungrig på morgnarna.

14 *sitta/prata*   Igår _____ eleverna i klass 8a och _____ med varandra

   lyssna   på lektionen. De _____ inte på den nya läraren.

   bli   Han _____ mycket arg.

   sitta/prata   – _____ inte och _____!

   lyssna/skrika   _____ på mig i stället! _____ han.

15 *gå/ringa*   – Får jag _____ ut en stund? Jag måste _____ ett viktigt

   hinna   samtal. Jag _____ inte i morse.

   göra   – Kan du inte _____ det på pausen i stället?

   försöka/vara   – Jag _____ förra pausen, men det _____ upptaget.

   ringa/komma   – Gå och _____! Men _____ tillbaka så fort som möjligt!

16 *träffa/heta*   Mirjana har _____ en svensk man som _____ Mats.

   gifta   De ska _____ sig till våren.

   bo/gifta   Nu _____ de i Mirjanas lilla tvåa, men när de har _____

   flytta   sig ska de _____ till en större lägenhet.

VERB

30 Finn femton fel!

Bland följande meningar finns 12 meningar som är felaktiga. Vilka? Rätta dem! Se exempel.

1 Kom in och ät! _____

2 Herr Persson ~~har varit~~ sjuk förra året. _____var_____

3 På konditoriet drack jag kaffe och ätit en mazarin. _____

4 På tåget träffade jag en bosnisk kvinna som berättat om sitt liv. _____

5 Vi ska resa till Dublin och fira nyår. _____

6 Man bör inte äta sötsaker, för det är inte bra. _____

7 Motion har varit bra för kroppen. _____

8 Det tar lång tid att lagar en god middag. _____

9 Jag vill åka till Afrika i vinter. _____

10 Det är skönt att semestern var slut. _____

11 Man kan få information om olika resor på en resebyrå. _____

12 När Eva bor i Paris träffade hon en fransk konstnär. _____

13 Olle har blivit mycket tjock. _____

14 Sven kan tala och förstår ryska. _____

15 Åsa har väntat på sin kompis i en timme. _____

16 Många barn på landet åker skolbuss varje dag. _____

17 Det finns problem överallt. _____

18 I blomsteraffären kan man köper vackra blommor. _____

19 Vet du vad den här blomman heter? _____

20 Till jul brukar man skickar julkort till släktingar och vänner. _____

21 På hösten blir dagarna mörkare för varje dag som går. _____

22 Herr Göransson har sparat mycket pengar förra året. _____

23 Idag har jag druckit tre koppar kaffe. _____

24 Margareta står och diska i köket. _____

25 I morse drack jag en stor kopp kaffe. _____

VERB

31 Sök verb

Utsikt från mitt fönster

Regnet slår mot fönstret. Det blåser. Nästan alla löv har fallit från träden på torget. Det är november. Jag vill inte gå ut, men jag måste.

Från mitt fönster ser jag ett par unga män som står vid gatuköket. Nära gatuköket finns en telefonhytt. En man går in i den. Det är inte säkert att han ska ringa. Han vill kanske bara stå
5 där och vänta på att regnet ska sluta. Jag ser att han böjer sig ner och letar efter något. Han har kanske tappat några mynt eller sitt telefonkort.

En ung kvinna med barnvagn går över torget. Hon har nog varit och handlat, för det hänger två kassar på barnvagnen. Kassarna ser tunga ut. Det lilla barnet i vagnen äter på en bulle. Kvinnan stannar och torkar barnet om munnen.

10 På en av bänkarna på torget sitter två män och en kvinna. Männen dricker något ur en flaska. Det är inte vatten i den flaskan. Det är jag säker på. – Hur kan de sitta ute i det här vädret? tänker jag.

Kvinnan har tagit fram en påse, och plötsligt finns det fullt av fåglar omkring henne. Några fåglar äter direkt ur handen på henne.

15 – Klirr!

Vad var det? För ett kort ögonblick trodde jag att det var någon som hade slagit sönder ett fönster, men sedan såg jag att det var en pojke som stod och slängde tomflaskor i en av glasbehållarna på torget. Tänk, att jag aldrig kan vänja mig vid det ljudet!

VERB

Två pensionärer, en man och en kvinna, kommer ut från bageriet. Den gamla mannen har en bakelsekartong i handen. Han bär den mycket försiktigt. Kvinnan fäller upp ett paraply som hon håller över sig och mannen. De ser glada ut.

Oj! Nu kommer det en polisbil. Vad har hänt? Två poliser stiger ur bilen och går fram till
5 männen på bänken och pratar lite med dem. Männen lägger ner sina flaskor i en plastkasse, reser sig från bänken och går därifrån. De går lite vingligt. Poliserna sätter sig i bilen igen och kör vidare.

Kvinnan har slutat att mata fåglarna. Hon häller ut de sista brödsmulorna ur påsen och kastar den sedan i en papperskorg.

10 Fåglarna flyger iväg. Kanske flyger de till ett annat ställe där de kan få mat.
Själv tar jag på mig min regnkappa, låser dörren och går ut i höstvädret.

Stryk under alla verb som du hittar i texten och skriv in dem på rätt plats i schemat. Skriv sedan de former som saknas. Se exempel.

Infinitiv	Imperativ	Presens	Preteritum	Supinum
___	___ !	slår	___	___
___	___ !	blåser	___	___
___	___ !	har	___	___
___	___ !	___	___	fallit
___	___ !	är	___	___
___	___	vill	___	___
gå	___ !	___	___	___
___	___	måste	___	___
___	___ !	___	___	___
___	___ !	___	___	___
___	___	finns	___	___
___	___	ska	___	___
___	___ !	___	___	___
___	___ !	___	___	___
___	___ !	___	___	___
___	___ !	___	___	___
___	___ !	___	___	___
___	___ !	___	___	___

© 1996 Fasth—Kannermark • *Kopiering förbjuden*

VERB

kan

hänt

få

Skrivuppgift:
Berätta om utsikten från ett fönster!

PRONOMEN

Pronomen ersätter ett substantiv eller står framför ett substantiv.

Personliga

Subjekt   *Objekt*

jag	mig
du	dig
han	honom
hon	henne
den	den
det	det
man	en
vi	oss
ni	er
de	dem

Reflexiva

jag	mig
du	dig
han	**sig**
hon	**sig**
den	**sig**
det	**sig**
man	**sig**
vi	oss
ni	er
de	**sig**

man är ett indefinit pronomen men fungerar som ett personligt pronomen

Possessiva

en-ord   *ett-ord*   *plural*

	en-ord	ett-ord	plural
jag	min	mitt	mina
du	din	ditt	dina
han	hans	hans	hans
hon	hennes	hennes	hennes
den	dess	dess	dess
det	dess	dess	dess
man	ens	ens	ens
vi	vår	vårt	våra
ni	er	ert	era
de	deras	deras	deras

Reflexiva possessiva

en-ord   *ett-ord*   *plural*

	en-ord	ett-ord	plural
jag	min	mitt	mina
du	din	ditt	dina
han	**sin**	**sitt**	**sina**
hon	**sin**	**sitt**	**sina**
den	**sin**	**sitt**	**sina**
det	**sin**	**sitt**	**sina**
man	**sin**	**sitt**	**sina**
vi	vår	vårt	våra
ni	er	ert	era
de	**sin**	**sitt**	**sina**

© 1996 Fasth—Kannermark • *Kopiering förbjuden*

PRONOMEN

Indefinita (förenade)

en-ord	ett-ord	plural
någon	något	några
ingen	inget	inga
		många
		få

Indefinita (självständiga)

person	sak
någon, några	något = någonting
ingen, inga	inget = ingenting
man	
många	
få	

Interrogativa (förenade)

en-ord	ett-ord	plural	
vilken	vilket	vilka	= vad ... för

Interrogativa (självständiga)

person	sak
vem, vilka	vad
vems = genitiv	

Relativa

personer och saker

som

PRONOMEN

1 Personliga pronomen

Personliga pronomen har två former, en **subjektsform** och en **objektsform**.

	Subjektsform	Objektsform	
Singular			
1	jag	mig	**Jag** städar varje vecka. Teresa hjälper **mig**.
2	du	dig	Åsa, **du** måste komma! Jag vill träffa **dig**.
3	han	honom	
	hon	henne	
	den	den	
	det	det	
	man	en	**Man** blir glad när någon gratulerar **en**.
Plural			
1	vi	oss	**Vi** studerar svenska. Läraren hjälper **oss**.
2	ni	er	Per och Ola, **ni** får gå nu! Taxin väntar på **er**.
3	de	dem	

OBS! *man* är ett indefinit pronomen men fungerar som ett personligt pronomen.

Han, hon, den, det, de och deras **objektsformer** står i stället för ett substantiv.

Adam och Eva är gifta. **Han** kommer från Polen, och **hon** kommer från Sverige.
       s   s   s = subjekt o = objekt

Han älskar **henne**, och **hon** älskar **honom**.
s   o   s   o

Adam och Eva bor i Lund. **De** har en fin lägenhet. Ibland besöker jag **dem**.
          s   o

Lisa har en katt. **Den** har fått två kattungar. **De** ska heta Misse och Murre.
      s   s

Lisa bor i ett fint hus. **Det** ligger i centrum.
         s

Pelle har en bil. Han har köpt **den** av en kompis.
          o

Ulla fick ett brev i morse, men hon har inte läst **det**.
              o

Lars har två läxor till i morgon. Han ska läsa **dem** i kväll.
            o

PRONOMEN

2 Personliga pronomen – subjekt

Skriv rätt personligt pronomen. Se exempel.

1. – Var är tidningen för idag? – _Den_ ligger i köket
2. – Var är Lasses flickor? – _____ är på lekplatsen.
3. – I vilket land bor ni? – _____ bor i Sverige.
4. – Vad gör du nu? – _____ studerar svenska.
5. – Varifrån kommer Tomas? – _____ kommer från Kalmar.
6. – Vad kostar ett paket tvättmedel? – _____ kostar femtio kronor.
7. – Var ska man bo, tycker du? – _____ ska bo i centrum.
8. – Vad kan jag hjälpa till med? – _____ kan hjälpa till med disken.
9. – Vad heter Åkes syster? – _____ heter Sofia.
10. – Varifrån kommer du, Hassan? – _____ kommer från Iran.
11. – När kommer posten? – _____ kommer vid 11–tiden.
12. – Vad kostar bananerna nu? – _____ kostar 10 kronor kilot.
13. – När är ni lediga? – _____ är lediga på söndagar.
14. – Vad heter Elins dotter? – _____ heter Sara.
15. – Var lånar man böcker? – _____ lånar böcker på biblioteket.
16. – Vad jobbar herr Lund med? – _____ är taxichaufför.
17. – När kom det här telegrammet? – _____ kom igår.
18. – Var står tekopparna? – _____ står i skåpet till vänster.
19. – Hur dags börjar Per jobba? – _____ börjar klockan 8.
20. – Var får man röka? – _____ får röka i rökrummet.
21. – När fyller Jenny år? – _____ fyller år på söndag.
22. – Var studerar Björn och Karin? – _____ studerar i Stockholm.
23. – Var ligger mitt pass? – _____ ligger i skrivbordslådan.
24. – När ska vi komma på lördag? – _____ är välkomna klockan sju.

PRONOMEN

3 Personliga pronomen – subjekt

Skriv vad som händer på bilderna. Använd rätt personligt pronomen. Se exempel.

1 – Vad gör Adam? – *Han sover.*

2 – Vad gör Mia? – _____

3 – Vad gör Eva och Olle? – _____

4 – Vad gör katten? – _____

5 – När börjar Aktuellt? – _____

6 – När slutar programmet? – _____

7 – Vad gör katterna? – _____

8 – Vad gör Pelle? – _____

9 – När går bussen? – _____

10 – Vad gör hundarna? – _____

11 – Vad gör Ylva? – _____

12 – Vad gör eleverna? – _____

13 – Vad gör Anita och Roland? – _____

14 – Vad heter boken? – _____

PRONOMEN

15 – Vad gör Mikael? – _____

16 – Vad kostar äpplet? – _____

17 – Vad gör Jenny? – _____

18 – Var står flaskorna? – _____

19 – Vad gör pojken? – _____

20 – Vad gör kvinnan? – _____

21 – Vad heter gatan? – _____

22 – Vad kostar frimärket? – _____

23 – Vad gör kvinnorna? – _____

24 – Vad gör männen? – _____

25 – Vad kostar biljetterna? – _____

26 – Vad gör Maria? – _____

27 – När går tåget? – _____

28 – Vad gör Mats och Ola? – _____

29 – Vad gör Joakim? – _____

30 – När kommer taxin? – _____

PRONOMEN

4 Personliga pronomen – objekt

Skriv rätt form av personliga pronomen. Se exempel.

1. Edvards blåa bil är billig och bra, så jag ska köpa _*den*_.
2. Karin är rädd för doktorn, så jag ska följa med _____ dit.
3. Karlssons hus är för dyrt, så jag kan inte köpa _____.
4. Lars behöver prata lite, så jag ska träffa _____ i kväll.
5. Elins pojkar är ensamma hemma, så jag ska passa _____.
6. Byxorna i skyltfönstret är snygga, så jag ska gå in och prova _____.
7. Mina föräldrar ska flytta, så jag ska hjälpa _____.
8. Eva är sjuk, så jag ska hälsa på _____.
9. De där kakorna ser goda ut, så jag vill smaka på _____.
10. Lisa ska gifta sig, så jag ska gratulera _____.
11. Min skrivbordsstol är för hög, så jag måste sänka _____.
12. Teresas sovum är tomt, så hon ska möblera _____.
13. Jag har reparerat din bil nu, så du kan hämta _____.
14. Brevet från polisen är viktigt, så du måste spara _____.
15. Sofia kan inte sticka, så jag ska lära _____ det.
16. Man säger att den nya filmen är rolig, så jag ska se _____.
17. Garderobsdörrarna i hallen är öppna. Jag måste stänga _____.
18. Min skrivbordsstol är för låg, så jag måste höja _____.
19. Pelle har sökt mig flera gånger. Jag ska ringa _____ i kväll.
20. De här tomaterna är lite ruttna, så du ska inte äta _____.
21. Håret är vått, så jag ska torka _____ innan jag går ut.
22. Den här tavlan är vacker. Jag tror att jag ska köpa _____.
23. Pia är nervös, så jag måste lugna _____.
24. Mina kläder är smutsiga, så jag måste tvätta _____.
25. Min blus är redan torr, så jag kan stryka _____ nu.
26. Kajsa och Lasse är gamla, så jag brukar hjälpa _____ ibland.

PRONOMEN

27 Kalle fyller år, så jag ska gratulera _____.

28 De här köttbullarna är kalla, så jag måste värma _____.

29 Lilla Mia är trött, så jag ska lägga _____.

30 Den här blusen passar inte, så jag ska byta _____.

31 Askfatet i väntrummet är fullt. Jag ska tömma _____.

32 Du behöver kanske lite hjälp? Jag kan hjälpa _____ om du vill.

33 Mitt paraply är sönder, så jag måste laga _____.

34 De här bullarna är goda. Varsågod och smaka på _____!

35 TV-programmet om Kina är för långt. Jag kan inte se _____ i kväll.

36 Adam är rik, så jag ska be att få låna pengar av _____.

37 De här kopparna är smutsiga, så jag måste diska _____.

38 Fru Persson är sjuk, så jag ska hälsa på _____.

39 Mina pojkar är ledsna, så jag måste trösta _____.

40 Hassan har ofta hjälpt mig. Jag ska bjuda hem _____ en dag.

41 Ni har mycket att göra, så jag ska inte störa _____.

42 Åsa och Tor ligger på sjukhuset, så jag ska besöka _____.

43 Mitt kakfat är trasigt, så jag ska kasta _____.

44 Mina elever är osäkra, så jag måste hjälpa _____.

45 Herr Persson är mycket upptagen, så du ska nog inte ringa till _____ nu.

46 Olle har inte vaknat än, så jag måste väcka _____.

47 Ulla och Kaj är trevliga, så jag ska bjuda hem _____.

48 Mina barn väntar på mig på dagis, så jag ska gå och hämta _____.

49 Maria kommer med tåget klockan två. Jag ska möta _____ då.

50 Ytterdörren är öppen. Stäng _____!

5 Personliga pronomen – subjekt/objekt

Skriv rätt personligt pronomen. Se exempel.

1 Mormor är så ensam. Jag ska ringa till _henne_ i kväll.

2 – Var är tidningen?   – _____ ligger i sovrummet.

3 – Vet du när Åsa och Pia kommer hem? – Ja, _____ kommer klockan två.

4 – Jag undrar var katten är.   – Jag såg _____ i trädgården i morse.

5 – Har du träffat Lasse? – Nej, jag ska träffa _____ i kväll.

6 – Kan du hjälpa _____ att flytta den här fåtöljen? Jag har så ont i ryggen.

   – Javisst.

7 – Var bor Sara?   – _____ bor i centrum.

8 – Vi ska ha fest på lördag. Ni är välkomna hem till _____ klockan sju.

   – Tack, det ska bli trevligt. Det är alltid så mysigt hemma hos _____.

9 – Vill du hjälpa mig ett tag med det här fönstret?

   – Javisst, vad är det för fel på _____?

   – Man kan inte stänga _____.

10 – Ska du se programmet om Kina i kväll?

   – Ja, om _____ inte slutar för sent.

11 – Vad ska man göra om någon hotar _____ med pistol?

   – _____ ska ta det lugnt.

12 – Du Eva, jag kan tyvärr inte hjälpa _____ just nu.   – Så synd!

13 – Tommy, har _____ köpt hem öl och vatten?   – Ja, det gjorde jag igår.

14 – Pappa! Åke ringde för en stund sedan. _____ ville tala med dig.

   – Jaha. Jag kan ringa upp _____ meddetsamma.

15 – Vi vet inte vad vi ska göra, mamma.   – _____ kan väl städa era rum.

16 – Var är mina vantar? – Jag har lagt _____ i byrån.

17 – Vad heter Sveriges drottning?   – _____ heter Silvia.

18 – Hur mycket har du gett för det här vinet?   – _____ kostade 70 kronor.

19 – Har du berättat allt för Adam?   – Nej, jag ska prata med _____ i kväll.

PRONOMEN

20 – Ät upp maten innan _____ kallnar!   – Ja, mamma.

21 – Vad vill du ha? Banan eller äpple?   – _____ tar gärna en banan, tack.

22 När man har druckit sprit får _____ inte köra bil.

23 "Hej Olle! Roligt att du kan komma till _____ i sommar. Ring innan du kommer

så att _____ är hemma!   Hälsningar Katarina och Robert."

24 – Har du talat med städerskan?   – Nej, jag har inte sett _____.

25 – Vad ska ni göra i sommar?   – _____ ska vara hemma och ta det lugnt.

26 – Hej då, Vera! Vi hörs!   – Ja, hej då! Du kan väl ringa _____ i morgon?

27 – Var är nagelsaxen?   – Jag vet inte. Jag har inte haft _____.

28 – Martin, kan _____ hämta kaffet i köket?

– Javisst, men är _____ inte kallt nu?

– Ingen fara. Jag gillar kallt kaffe.

29 Om man är ledsen behöver _____ någon som kan trösta _____.

30 – Jag klarar nog inte provet i matte.

– Jag kan hjälpa _____ i kväll om du vill.

31 – Har du fått tag på Janne än?   – Nej, _____ är inte hemma.

32 "Hej Anna och Karl! Jag är i Lund och skulle vilja träffa _____.

Är _____ lediga på torsdag kväll? Ring _____ senast tisdag!

Kram Susanna."

33 – När kommer mormor och morfar?   – _____ kommer klockan 6.

34 – Ni får inte ställa cyklarna mot skyltfönstret.

– Men var ska _____ ställa _____? Det finns ingen plats.

– Jodå. Ställ _____ på gården!

35 – Var har du bilnycklarna? Kan du aldrig lägga _____ på sin plats?

– Oh, _____ ligger nog i min jackficka. Jag ska hämta _____.

PRONOMEN

6 Personliga pronomen – subjekt/objekt

Vilka ord syftar pronomenen på? Se exempel.

1. Jag läser en bok. **Den** är bra. — Den = *Boken*

2. Du måste lämna tillbaka böckerna när du har läst **dem**. — dem = _____

3. Jag och min man tycker att David är trevlig. **Vi** ska bjuda hem **honom** någon gång.
   Vi = _____
   honom = _____

4. Jag skriver med en penna. **Den** är svart. — Den = _____

5. Erik diskar mina fina glas. **Han** får inte tappa **dem**.
   Han = _____
   dem = _____

6. Var är mina skor? Jag kan inte hitta **dem**. — dem = _____

7. Jag måste vattna mina blommor. **De** är så torra. — de = _____

8. Anna är sjuk. Jag ska hälsa på **henne**. — henne = _____

9. Fönstren i köket är smutsiga. Jag måste putsa **dem**. — dem = _____

10. Jag har inga pengar. **De** är slut. — De = _____

11. Golvet i badrummet är rent. Jag har torkat **det**. — det = _____

12. Mitt hår är inte rent. Jag måste tvätta **det**. — det = _____

13. Kan du och Eva jobba tillsammans med Ulf och Per? **De** behöver hjälp av **er**. **Ni** kan väl ringa **dem**?
    De = _____
    er = _____
    Ni = _____
    dem = _____

14. Mia och Åke har fått en present av Ove och mig. **De** har inte tackat **oss** för **den**.
    De = _____
    oss = _____
    den = _____

15. Jag och min kompis vill gärna träffa dig och Sara. **Vi** vill prata med **er**.
    Vi = _____
    er = _____

16. Karin gillar hundar. **Hon** ska få en i julklapp. — Hon = _____

17. Det här äpplet var inte gott. Jag vill inte äta **det**. — det = _____

18. Du och Pia har inte lämnat in uppsatserna. **Ni** måste göra det i morgon. — Ni = _____

© 1996 Fasth—Kannermark • *Kopiering förbjuden*

PRONOMEN

7 Reflexiva pronomen

Reflexiva pronomen syftar tillbaka på subjektet i samma sats. Vissa verb konstrueras med reflexiva pronomen.

		Personliga pronomen		Reflexiva pronomen
		Subjekt		**Objekt**
Singular				
	1	jag	tvättar	mig
	2	du	tvättar	dig
	3	han	tvättar	**sig**
		hon	tvättar	**sig**
		den	tvättar	**sig**
		det	tvättar	**sig**
		man	tvättar	**sig**
Plural				
	1	vi	tvättar	oss
	2	ni	tvättar	er
	3	de	tvättar	**sig**

1:a och 2:a person singular och plural är samma som objektsformen av personliga pronomen.

3:e person singular och plural är **sig**.

OBS! *man* är ett indefinit pronomen men fungerar som ett personligt pronomen.

PRONOMEN

8 Reflexiva pronomen

akta sig	kamma sig	lära sig	ställa sig
anmäla sig	klä på (av) sig	måla sig	sätta sig
bestämma sig	koncentrera sig	~~raka sig~~	ta på (av) sig
flytta sig	känna sig	skilja sig	torka sig
gifta sig	lägga sig	skynda sig	tvätta sig

Välj lämpligt verb och använd rätt form av reflexiva pronomen. Se exempel.

1. Ulf är skäggig, så han måste _raka sig_.

2. Usch, vad jag är smutsig! Jag måste _____.

3. Oskar och Birgitta har köpt ringar. De ska _____.

4. Eva brukar _____ för att få lite färg i ansiktet.

5. Vad du ser trött ut! Du måste _____ på sängen och vila.

6. Det är mycket trafik. Ni måste _____ för bilarna.

7. Åsa och Bo trivs inte ihop längre, så de ska _____.

8. Klockan är mycket, så vi måste _____.

9. Man kan _____ på en bänk om man blir trött när man är ute och går.

10. Mormor ska _____ till en kurs i engelska för pensionärer.

11. Erik brukar _____ trött efter jobbet.

12. Jag ska duscha, men jag måste _____ först.

13. Ska Per arbeta eller fortsätta studera? Han kan inte _____.

14. Här får ni några servetter så att ni kan _____.

15. Vi måste _____ spanska innan vi flyttar till Spanien.

16. Hur kan ni _____ på läxorna när ni har radion på?

17. Man får _____ i kö för att få biljetter till matchen i kväll.

18. Sara är rufsig i håret. Hon måste _____.

19. Det lilla barnet vill inte _____ vantar trots att det är kallt ute.

20. Jag ser inte. Kan du _____ lite?

© 1996 Fasth—Kannermark • *Kopiering förbjuden*

PRONOMEN

9 Reflexiva pronomen

Skriv rätt reflexivt pronomen. Se exempel.

1 Nu måste ni vara tysta och koncentrera __er__ på den här övningen!

2 Pia, akta _____ för hunden, som kommer där! Den kan vara farlig.

3 – Ska Anna och Åke resa till Kina?

– Jag vet inte. De har nog inte bestämt _____ ännu.

4 Martin rakar _____ varje morgon.

5 Jag har svårt att koncentrera _____ när det inte är tyst omkring mig.

6 Man behöver inte förlova _____ innan man gifter _____.

7 Vi ska stiga upp klockan fem i morgon bitti, så vi måste lägga _____ tidigt i kväll.

8 Flickor gillar ofta att måla _____.

9 Fru Larsson känner _____ orolig när hon ska gå till tandläkaren.

10 Vad du ser ut i håret! Du måste nog kamma _____.

11 Eva, har du inte klätt på _____ än? Klockan är mycket. Du måste skynda _____.

12 Min katt lägger _____ ofta på en varm och mjuk plats.

13 Hanna och Per ska skilja _____ efter 20 års äktenskap.

14 Varsågoda och sätt _____ i soffan så ska jag koka kaffe!

15 Jag skulle vilja lära _____ arabiska.

16 – Vad ska du ha på _____ på din systers bröllop?

– En lång, gul klänning.

17 Rune tvättade _____ om händerna men glömde att torka _____ om munnen.

18 Olle gick hem och klädde om _____ till festen.

19 – Jag ser inte vad det står på tavlan. – Sätt _____ lite längre fram!

20 Katarina var ute och roade _____ varenda kväll under semestern på Kreta.

21 Vi har ställt _____ i kö för att få en större lägenhet.

22 Tor och Ola tog på _____ varma kläder när de skulle ut och åka skridskor.

23 Karins hund ville inte flytta _____ från den sköna fåtöljen i vardagsrummet.

PRONOMEN

24 Poliserna hittade den försvunna pojken i morse. Han hade lagt _____ under en gran och somnat.

25 I oktober måste man anmäla _____ till vårterminens kurser på universitetet.

26 Vi klarar _____ inte på en lön. Båda måste jobba.

27 Rickard kände _____ ensam när kompisarna var borta.

28 Man kan lära _____ att laga mat på en matlagningskurs.

29 Ni måste bestämma _____ nu om ni vill ha den här lägenheten eller ej.

30 Karin glömde att kamma _____ innan hon gick till skolan.

31 Herr och fru Skog vill lära _____ företagsekonomi, för de ska starta eget.

32 Jag måste ta av _____ glasögonen när jag simmar.

33 Arvid var så trött att han inte ville klä av _____ innan han skulle lägga _____.

34 Det är inte bra att sitta stilla för länge. Man måste röra på _____ ibland.

35 Katten, som nyss hade ätit, satt och slickade _____ om nosen.

36 Lena och Uno förlovade _____ i lördags.

37 Vi ska lära _____ franska, för vi ska jobba i Frankrike ett halvår.

38 Ni måste skynda _____ om ni ska komma i tid till tåget. Det går om en kvart.

39 Innan läkaren undersökte fru Larsson fick hon ta av _____ på överkroppen.

40 Har du lärt _____ reflexiva pronomen nu?

PRONOMEN

10 Possessiva pronomen

Possessiva pronomen talar om *vem/vilka* eller *vad* som äger eller har något.
De flesta possessiva pronomen böjs efter det ord som de står tillsammans med.

	en	*ett*	*plural*
jag	min	mitt	mina
du	din	ditt	dina
han	hans	hans	hans
hon	hennes	hennes	hennes
den	dess	dess	dess
det	dess	dess	dess
man	ens	ens	ens
vi	vår	vårt	våra
ni	er	ert	era
de	deras	deras	deras

OBS! *man* är ett indefinit pronomen men fungerar som ett personligt pronomen.

Jag har en katt.
Jag har ett bord.
Jag har två flickor.

Min katt är svart.
Mitt bord är fint.
Mina flickor är snälla.

Vi har en bil.
Vi har ett hus.
Vi har två cyklar.

Vår bil är gammal.
Vårt hus ligger i Åre.
Våra cyklar är bra.

Du har en pojke.
Du har ett hus.
Du har inga pengar.

Din pojke heter Per.
Ditt hus ligger i Lund.
Dina pengar är slut.

Ni har en bostad.
Ni har ett barn.
Ni har två rum.

Er bostad är fin.
Ert barn är litet.
Era rum är stora.

(Åke)
Han har en dator.
Han har ett barn.
Han har många böcker.

(Åke**s**)
Hans dator är ny.
Hans barn är litet.
Hans böcker är nya.

(Åke och Pia)
De har en lärare.
De har ett klassrum.
De har många böcker.

(Åke**s** och Pia**s**)
Deras lärare heter Kurt.
Deras klassrum är stort.
Deras böcker är nya.

(Pia)
Hon har en hund.
Hon har ett piano.
Hon har två ringar.

(Pia**s**)
Hennes hund är snäll.
Hennes piano är svart.
Hennes ringar är fina.

(Affären)
Den har en chef.
Den har ett lager.
Den har många kunder.

(Affären**s**)
Dess chef heter Patrik.
Dess lager är stort.
Dess kunder är vänliga.

(Programmet)
Det har en producent.
Det har ett tema.
Det har många tittare.

(Programmet**s**)
Dess producent är här.
Dess tema är gammalt.
Dess tittare är nöjda.

Man har en adress.
Man har ett namn.
Man har vänner.

Ens adress kan vara hemlig.
Ens namn är viktigt.
Ens vänner är viktiga.

PRONOMEN

11 Possessiva pronomen

Skriv rätt possessiva pronomen tillsammans med de substantiv som står inom parentes. Se exempel.

1. Pelle behöver inte gå till dagis idag, för _hans mamma_ är ledig. (en mamma)

2. Jag ska åka buss till jobbet, för _____ är sönder. (en cykel)

3. Vi kan inte köpa en ny TV, för _____ är slut. (pengar)

4. Ulla och Kurt ska åka till Chile, för _____ bor där. (en son)

5. Anna bakar kakor, för _____ ska komma på besök. (föräldrar)

6. Om ni flyttar vill jag ha _____. (en adress)

7. Man hoppas att _____ inte försvinner. (vänner)

8. Oj, vad _____ är långt! Du måste nog klippa dig. (ett hår)

9. Vi måste flytta, för _____ ska rivas. (ett hus)

10. Du kan hänga _____ i hallen. (kläder)

11. Jag kan inte följa med till USA. _____ är ogiltigt. (ett pass)

12. Man måste stanna hemma från jobbet när _____ är sjuka. (ungar)

13. Om ni slutar röka kan ni minska _____. (utgifter)

14. Nina var glad, för _____ hade städat hela lägenheten. (en man)

15. Vi måste måla om _____. (en sommarstuga)

16. Eleverna i klass 1 c klagade, för _____ var inte bra. (ett schema)

17. Jag måste gå till ögonläkaren, för _____ är för svaga. (glasögon)

18. Mäklarfirman Ek & Ask kan hjälpa till om ni ska sälja _____. (ett hus)

19. John får inte köra bil, för polisen har tagit _____. (ett körkort)

20. Du kan skriva _____ här. (en adress)

21. Skolbarnen städar i bänkarna, för _____ ska komma på besök idag. (föräldrar)

22. Paula är arbetslös, för _____ har gått i konkurs. (ett företag)

PRONOMEN

23 Lisa, du är väl hemma i kväll? _____ kommer hit då. (kusiner)

24 Erik vill byta jobb, för _____ är så dåliga. (arbetstider)

25 Man blir irriterad när folk inte kan stava _____ rätt. (ett namn)

26 Bosse och Inga ska äta hos mig idag, för det har brunnit i _____. (ett kök)

27 Rebecka ska åka till stan, för _____ väntar på henne där. (en pojkvän)

28 Vi ringer till polisen, för det har varit inbrott i _____ i natt. (en källare)

29 – Ann-Britt och Klas, ni har väl skrivit _____? (övningar)
 – Ja, det har vi.

30 Matti fyllde 20 år i lördags. _____ gav honom ett par sportskor. (kompisar)

PRONOMEN

12 Possessiva pronomen

Skriv rätt possessivt pronomen. Se exempel.

1 jag / en bil __Min bil__ är ny.

2 Adam / kläder __Hans kläder__ är omoderna.

3 du / ett telefonnummer Var snäll och skriv _____ här!

4 Eva / ett arbete _____ är intressant.

5 vi / en soffa _____ är inte bekväm.

6 ni / släktingar Var bor _____?

7 Tom och Joe / ett modersmål _____ är engelska.

8 man / ett telefonnummer _____ kan vara hemligt.

9 Åsa och Bo / en lägenhet _____ ligger i Centrum.

10 jag / ett efternamn Det är svårt att stava till _____.

11 du / en läxa Har du gjort _____?

12 Hamid / en bror _____ bor inte i Sverige.

13 vi / ett badrum _____ är ganska litet.

14 Fatima / skor _____ är mycket eleganta.

15 man / en barndom _____ kommer aldrig tillbaka.

16 ni / en lärare Varifrån kommer _____?

17 jag / glasögon Var är _____?

18 John / ett hus Var ligger _____?

19 du / böcker Har du glömt _____?

20 Maria / en kappa _____ är röd.

21 vi / vänner Vi ska bjuda _____ på middag.

22 Ann och Uno / möbler _____ är nya.

23 ni / ett soffbord Var har ni köpt _____?

24 man / vänner _____ är viktiga.

© 1996 Fasth—Kannermark • Kopiering förbjuden

PRONOMEN

13 Reflexiva possessiva pronomen

Possessiva pronomen har en reflexiv form precis som personliga pronomen. Reflexiva possessiva pronomen **syftar tillbaka på subjektet i samma sats**. 3:e person singular och plural heter **sin**, **sitt** eller **sina**. (Jämför med det reflexiva pronomenet *sig*!)
Reflexiva possessiva pronomen böjs efter det ord de bestämmer.

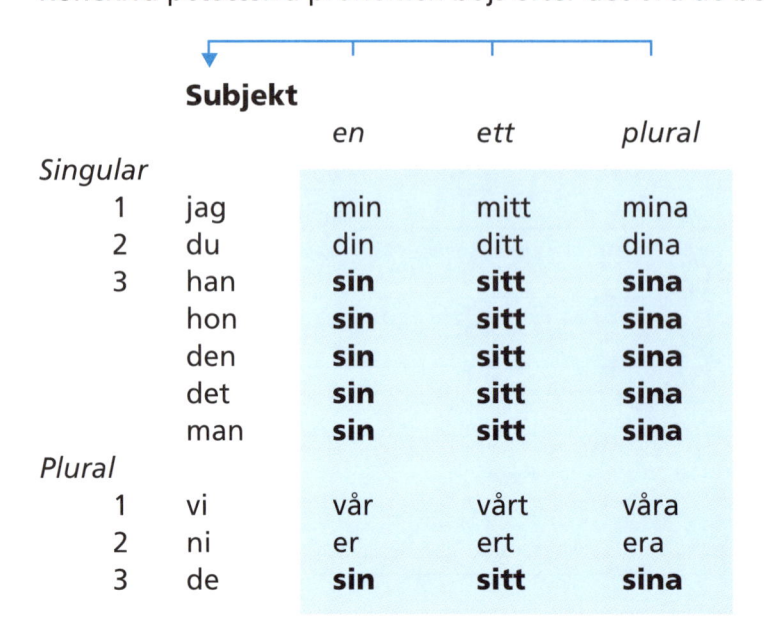

	Subjekt	*en*	*ett*	*plural*
Singular				
1	jag	min	mitt	mina
2	du	din	ditt	dina
3	han	**sin**	**sitt**	**sina**
	hon	**sin**	**sitt**	**sina**
	den	**sin**	**sitt**	**sina**
	det	**sin**	**sitt**	**sina**
	man	**sin**	**sitt**	**sina**
Plural				
1	vi	vår	vårt	våra
2	ni	er	ert	era
3	de	**sin**	**sitt**	**sina**

OBS! *man* är ett indefinit pronomen men fungerar som ett personligt pronomen.

Subjekt

Jag	gillar	min katt.
Jag	målar	mitt bord.
Jag	älskar	mina flickor.
Du	älskar	din pojke.
Du	bor	i ditt hus.
Du	sparar	dina pengar.
Han	tar med sig	**sin** dator.
Han	leker med	**sitt** barn.
Han	läser	**sina** böcker.
Hon	klappar	**sin** hund.
Hon	flyttar	**sitt** piano.
Hon	har på sig	**sina** ringar.
Affären	har	**sin** chef.
Affären	har	**sitt** lager i Lund.
Affären	har	**sina** kunder.
Programmet	har	**sin** producent.
Programmet	har	**sitt** tema.
Programmet	har	**sina** tittare.
Man	har	**sin** adress.
Man	har	**sitt** namn.
Man	har	**sina** vänner.

Subjekt

Vi	tvättar	vår bil.
Vi	bor	i vårt hus.
Vi	lagar	våra cyklar.
Ni	möblerar	er bostad.
Ni	älskar	ert barn.
Ni	städar	era rum.
De	gillar	**sin** lärare.
De	trivs	i **sitt** klassrum.
De	läser	**sina** böcker.

PRONOMEN

14 Reflexiva possessiva pronomen

subjekt   **verb**   **objekt**   **adverbial**

Skriv rätt form av reflexiva possessiva pronomen tillsammans med det substantiv som står inom parentes. Se exempel.

1 Martin går ut med ____*sin hund*____ morgon och kväll. (en hund)

2 Jag måste lämna _____ Lund, för jag har fått ett bra jobb i Stockholm. (en hemstad)

3 Ulf, varför har du inte ätit upp _____? (en mat)

4 Lars ska åka till Florida om en vecka, så nu måste han förnya _____. (ett pass)

5 Vi umgås inte så mycket med _____. (grannar)

6 Maria och Bengt ställer _____ på balkongen. (cyklar)

7 – Har ni fått _____ ännu? (ett schema)   – Nej.

8 Rosengård i Malmö är känt för _____. (ett centrum)

9 Man ska säga till _____ om man inte förstår. (en lärare)

10 Anna ringer till _____ varje dag. (föräldrar)

11 Jag trivs bra på _____. (ett arbete)

12 Sara och Oskar väntade på _____ i två år. (en lägenhet)

13 – Varför ska ni sälja _____ ? (en sommarstuga)
   – Det är för dyrt att ha den.

14 Pelle och jag börjar _____ om en vecka. (en semester)

15 Man bör gå till tandläkaren och undersöka _____ en gång om året. (tänder)

16 Min katt är nog sjuk, för den har inte ätit _____. (en mat)

17 – Varför har du ställt _____ precis innanför dörren? (skor)
   – Jag hade bråttom när jag kom hem.

18 Arbetsförmedlingen ska flytta _____ till centrum. (ett kontor)

19 Kristina har äntligen fått _____. (ett körkort)

© 1996 Fasth—Kannermark • *Kopiering förbjuden*

PRONOMEN

20 Sverige är känt för _____. (Volvobilar)

21 Lisas hund vill inte sova i _____. Den vill sova i mattes säng. (en korg)

22 Ni kommer väl inte ensamma på lördag? Ni får gärna ta med _____. (flickor)

23 Ulrikas barn sover gott i _____. (en säng)

24 Patrik träffar ofta _____. (kompisar)

25 – Pia, varför har du lagt _____ här i köket? Det kan lätt komma bort bland alla saker. (ett halsband)
   – Ja, jag vet. Jag ska ta det.

26 Eva och Karl ska sälja _____ och flytta till en lägenhet. (ett hus)

27 Vi vill inte ha _____ på dagis. (ett barn)

28 Man kan oftast inte använda _____ som legitimation. (ett pass)

29 Min hemstad är känd för _____. (parker)

30 Jag ska spara en del av _____ till en resa. (pengar)

31 Fru Olsson har kontaktat en advokat, för hon vill skiljas från _____. (en man)

32 Många svenskar lämnade _____ i slutet av 1800-talet. (ett hemland)

PRONOMEN

15 Reflexiva possessiva pronomen

Komplettera meningarna. Se exempel.

1. Pelle tar fram papper och penna, för *han ska skriva till sina föräldrar* (skriva till, föräldrar)

2. Jag studerar mycket, för *jag vill klara min examen* (klara, en examen)

3. Lisa tar fram strykjärnet, för _____ (stryka, blusar)

4. Du och jag går till banken, för _____ (betala, ett lån)

5. Hans och Greta går till centrum, för _____ (träffa, kompisar)

6. Du och din fru måste gå till hyresvärden, för _____ (skriva under, ett kontrakt)

7. Mona stiger upp klockan sex, för _____ (väcka, en son)

8. Du måste gå till fotoaffären, för _____ (hämta, kort)

9. Martin köper blommor, för _____ (gratulera, en syster)

10. Jag har köpt en pärm, för _____ (ha ordning på, papper)

11. Erik går till dagis, för _____ (hämta, ett barn)

12. Du och din man måste åka till flygplatsen, för _____ (möta, en dotter)

13. Sofia går till polisen, för _____ (hämta, ett pass)

PRONOMEN

14 Olle och jag har köpt champagne, för _____
_____ (fira, en bröllopsdag)

15 Arne och Ulla kontaktar en mäklare, för _____
_____ (sälja, ett hus)

16 Du och din syster har tagit fram mycket kläder, för _____
_____ (packa, resväskor)

17 Jag går till kemtvätten, för _____
_____ (hämta, en jacka)

18 Du behöver köpa målarfärg, för _____
_____ (måla om, ett kök)

19 Anita och Rolf går till järnvägsstationen, för _____
_____ (möta, en son)

20 Jag och min dotter tar fram skokräm, för _____
_____ (putsa, skor)

21 Jag övningskör mycket, för _____
_____ (klara, ett körkort)

22 Du ringer till Telia, för _____
_____ (flytta, en telefon)

23 Jag behöver en penna, för _____
_____ (fylla i, personuppgifter)

24 Man bör inte grilla på balkongen, för _____
_____ (tänka på, grannar)

PRONOMEN

16 Lucktext (personliga, reflexiva, possessiva och reflexiva possessiva pronomen)

Skriv pronomen som passar i luckorna. Se exempel.

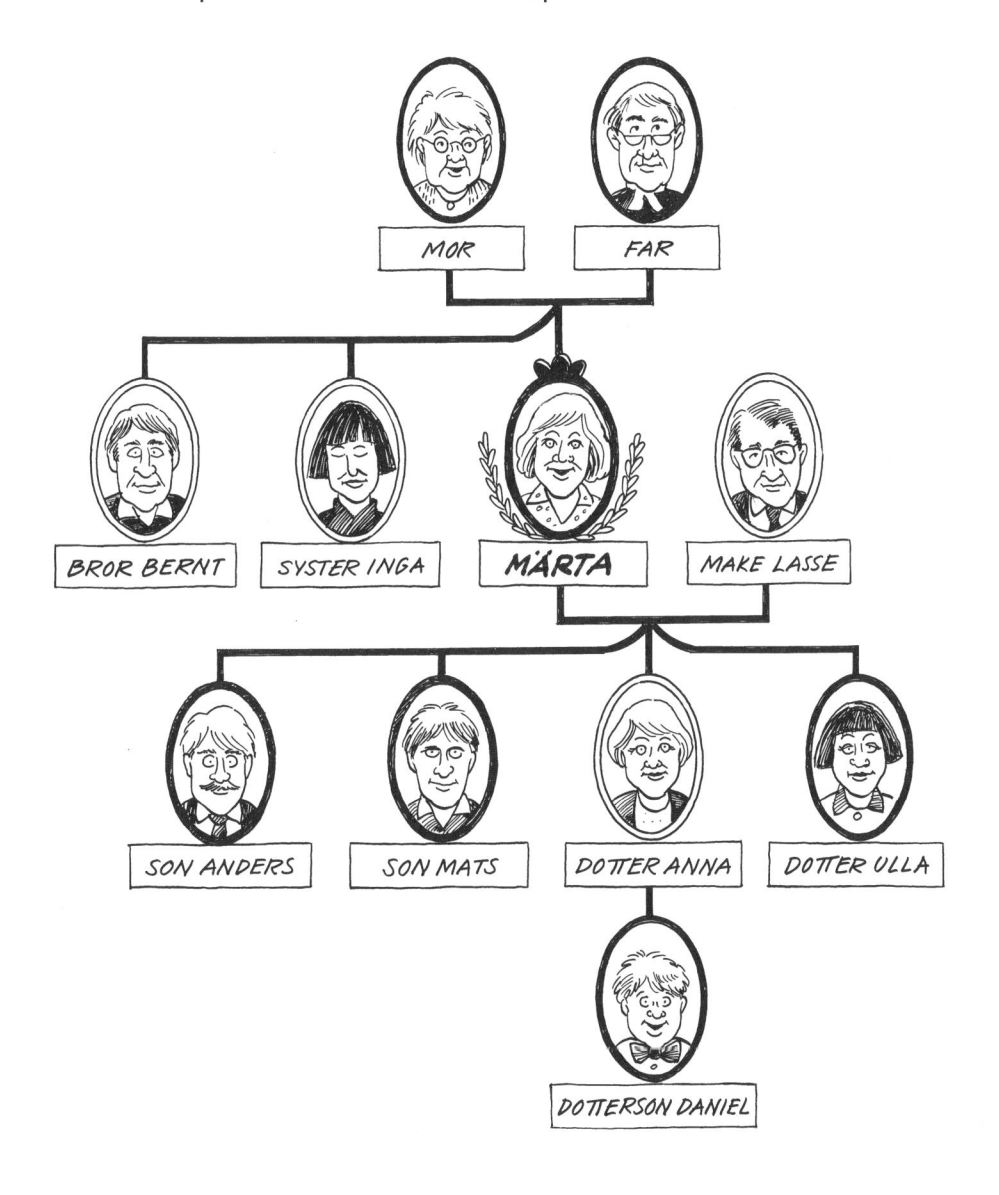

Märta berättar

Jag heter Märta Malmberg, och _jag_ är 54 år. _Jag_ är född i en liten by på landet. _Min_ pappa var präst där. _Han_ är död sedan många år. _Min_ mamma var lärare. Hon är också död.

_____ har två syskon, en syster och en bror. _____ heter Inga och Bernt. _____

5 bor inte i samma stad som _____, men _____ brukar komma hit och hälsa på

_____ och _____ familj.

_____ är gift med Lasse. _____ träffades för mer än 30 år sedan när _____

studerade i Lund. Lasse och _____ gifte _____ 1965. _____ var inte färdiga

PRONOMEN

med _____ studier då. Lasse studerade medicin, och _____ läste pedagogik.

1966 föddes _____ första barn, Anna. Nu är _____ mamma till en liten

pojke som heter Daniel. Daniel är _____ första barnbarn. Det är så roligt att träffa

_____.

Jag och _____ man fick fyra barn. Det var några jobbiga år när _____ barn var

små, men tiden går fort, och nu är _____ vuxna och har flyttat hemifrån.

Ulla, _____ andra dotter, är lärare. _____ älskar _____ arbete. Det är

roligt att prata med _____. _____ och _____ kan sitta och prata länge,

länge. _____ är ju också lärare. Det glömde _____ kanske att säga. _____

har arbetat som lärare i många år, och jag tycker fortfarande om _____ jobb.

Mats och Anders, _____ söner, studerar i Lund. _____ tror att det går bra för

_____. Pojkarna kommer inte hem till _____ så ofta nu för tiden. Ibland oroar

_____ _____ för _____, men _____ man brukar säga: "_____

kommer när _____ är hungriga eller när _____ behöver pengar. Oroa _____

inte!"

_____ och min man bor i ett gammalt hus. _____ är stort, men _____ behöver

mycket plats, speciellt när _____ barn är hemma samtidigt.

Till jul kommer Anna hit med _____ familj. Då kommer också Ulla och _____

pojkvän. Mats och Anders vill bjuda hit _____ flickvänner. Då blir det fullt i huset, och

det ska bli roligt.

På sommaren brukar _____ man och _____ åka till _____ sommarstuga.

_____ är också ganska stor. _____ ligger vid havet. Det är skönt att komma från

staden.

_____ har ett husdjur också, en katt. Det är faktiskt Annas katt, men _____ kan inte

ha _____, för _____ son är lite allergisk mot katter. Därför har _____ katten

hemma hos _____ nu. Vad gör man inte för _____ barn?

Skrivuppgift:
Berätta lite om dig själv!

PRONOMEN

17 Indefinita pronomen

Indefinita pronomen använder man om något obestämt. Man tänker inte på någon speciell person eller sak.

Indefinita pronomen kan vara förenade eller självständiga.
De flesta indefinita pronomen böjs efter det ord som de står tillsammans med.

Förenade (= tillsammans med ett substantiv) om personer och saker

en	*ett*	*plural*
någon ...	något ...	några ...
ingen ...	inget ...	inga ...
		många ...
		få ...

– Har du **någon** bil? – Har du **något** papper? – Har du **några** läxor?
– Nej, jag har **ingen** bil. – Nej, jag har **inget** papper. – Nej, jag har **inga** läxor.

Doktor Persson har **många** patienter. Det är fullt i väntrummet.
Doktor Olsson har **få** patienter. Det är nästan tomt i väntrummet

Självständiga (= ej tillsammans med ett substantiv)

person		*sak*
någon	några	något = någonting
ingen	inga	inget = ingenting
	många	
	få	
man		

– Har **någon** sökt mig idag? – Har **några** anmält sig till festen?
– Nej, **ingen** har ringt. – Nej, **inga** har anmält sig än.

– Varför ringer inte Kajsa? **Något** måste ha hänt. Vet du **något**?
– Nej, jag vet **inget**.

– **Många** är sjuka, men **få** har råd att vara hemma från jobbet.

– **Man** bör stanna hemma när **man** är sjuk.

PRONOMEN

18 Indefinita pronomen

Förenade

| någon ... | något ... | några ... |

en läxa   ett foto   halstabletter
en video   ett frimärke   försäkringar
en släkting   ett plåster   syskon
en huvudvärkstablett ett husdjur   lån

Välj lämpliga pronomen och substantiv. Se exempel.

1. – Har du _____*någon läxa*_____ till i morgon?
   – Ja, engelska.

2. – Har du _____?
   – Ja, en papegoja.

3. – Har du _____ på din bror?
   – Ja då, många.

4. – Har du _____? Jag har så ont i halsen.   – Nej, tyvärr.

5. – Har du _____ i Göteborg?
   – Ja, en kusin.

6. – Har du _____? Jag har skurit mig i tummen.
   – Ja, vänta lite!

7. – Har ni _____ på ert hus?
   – Ja, ett med bunden ränta och ett med rörlig ränta.

8. – Har du _____?
   – Ja, en bror och en syster.

9. – Har du _____? Jag har så ont i huvudet.
   – Ja, men den måste lösas upp i vatten.

10. – Har du _____? Min är sönder, och jag skulle vilja spela in en film i kväll.
    – Ja, jag kan spela in den till dig.

11. – Har du _____? Jag måste posta ett brev till USA.
    – Nej, de är tyvärr slut.

12. – Har du _____?
    – Ja, en hemförsäkring och en trafikförsäkring.

PRONOMEN

19 Indefinita pronomen

Sjävständiga

> någon, några   något = någonting

Välj lämpligt pronomen. Se exempel.

1 – Vill du ha _något_ att dricka?   – Ja tack, lite juice.

2 – Är det _____ som har ringt?
   – Ja, Kjell ringde för en stund sedan.

3 – Varför är du ledsen? Har det hänt _____?
   – Ja, jag har tappat min plånbok.

4 – Ska du ta med dig _____ till festen?
   – Ja, lite vin.

5 – Ska du ta med dig _____ till festen?
   – Ja, min kusin.

6 – Är det _____ som vet var Ali är?
   – Ja, han är hos tandläkaren.

7 – Finns det _____ som hjälper mot migrän?
   – Ja, vila.

8 – Är det _____ som har en cigarrett?
   – Javisst. Varsågod!

9 – Finns det _____ att äta, mamma?
   – Jadå. Kylskåpet är fullt av mat.

10 – Är det _____ som har sett Ulla idag?
   – Nej, hon har nog inte kommit än.

11 – Ska jag berätta _____ för dig?   – Ja. Vad då?

12 – Är det _____ som kan hjälpa mig?
   – Ja, jag kommer.

13 – Du kan ringa mig om _____ händer. Jag kommer direkt.
   – Vad bra!

14 – Om _____ frågar efter mig kan du säga att jag snart är ledig.
   – Ja.

PRONOMEN

20 Indefinita pronomen

Förenade

ingen ...	inget ...	inga ...

en kam	ett recept	ägg
en kamera	ett pass	biljetter
en penna	ett körkort	cigarretter
en mjölk	ett schampo	pengar
en nyckel	~~ett smör~~	lotter
en telefon		tennisbollar

Välj lämplig pronomen och substantiv. Se exempel.

1 Vi har _____*inget smör*_____ , så vi kan inte baka kakor.

2 Britta har _____ , så hon kan inte skriva.

3 Anders har _____ , så han kan inte följa med till Kina.

4 Janne har _____ , så han kan inte betala hyran

5 Vi har _____ hemma, så vi kan inte göra omelett.

6 Det finns _____ kvar, så vi kan inte se Hamlet.

7 Jag har _____ , så jag kan inte fotografera.

8 Jag har _____ , så jag får inte köra bil.

9 Jag har _____ , så jag kan inte vinna.

10 Lisa har _____ , så hon kan inte låsa dörren.

11 Teresa har _____ , så hon kan inte tvätta håret.

12 Göran har _____ hemma, så han kan inte röka.

13 Jag har _____ , så jag kan inte kamma mig.

14 Vi har _____ , så vi kan inte laga pannkakor.

15 Kalle har _____ , så han kan inte ringa.

16 Vera har _____ , så hon kan inte köpa penicillin.

17 John har _____ , så han kan inte spela tennis.

PRONOMEN

21 Indefinita pronomen

Självständiga

| ingen, inga | inget = ingenting |

Välj rätt pronomen. Se exempel.

1 – Jag har ___inget___ att göra, mamma.
   – Vi kan spela kort, om du vill.

2 – Varför är det _____ som vill leka med Erik?
   – Han är dum.

3 – Jag kände _____ på festen.
   – Det var ju synd!

4 – Det är _____ som har ringt på min födelsedag.
   – Så tråkigt, men dagen är väl inte slut än?

5 – Var du på bokrean förra veckan?
   – Ja, men jag köpte _____.

6 – Vad kommer att hända i framtiden?
   – Det är _____ som vet.

7 – Jag har _____ att ta på mig på festen.
   – Du har ju hela garderoben full!

8 – Är läxan svår?
   – Jaa, jag förstår absolut _____.

9 – De svarar inte på vårdcentralen.
   – Nej, det är klart. Det är _____ som jobbar där på lördagar.

10 Eva har provat allt mot sitt eksem, men det är _____ som hjälper.

11 – Varför säger du _____? Är du arg på mig?
    – Nej, jag tänker.

12 – Vad vet du om olyckan?
    – Jag vet _____.

13 _____ på sjukhuset förstod vad Mohammed sa på arabiska, så man var tvungen att skaffa en tolk.

14 – Vad vill du ha till frukost?
    – _____. Jag är inte hungrig.

PRONOMEN

22 Interrogativa pronomen

Interrogativa pronomen använder man när man frågar om personer och saker.
Det finns både självständiga och förenade interrogativa pronomen.

Självständiga

person   *sak*

| vem, vilka | vad |
| (vems = genitiv) | |

Förenade

en   *ett*   *plural*

| vilken ... | vilket ... | vilka ... | = vad ... för |

– Vem har ringt?
– Olle.

– Vem ska du träffa?
– Karin.

– Vilka ska komma på festen?
– Kajsa och Patrik.

– Vilka ska du hälsa på?
– Sven och Berit.

– Vad är det?
– Det är en blomma?

– Vad läser du?
– En veckotidning

– Vad är det?
– Det är ett korsord.

– Vad tuggar du på?
– Ett tuggummi.

– Vad är det?
– Det är två uppsatser.

– Vad har du i kassen?
– Böcker.

– Vilken vecka är det nu?
– Vecka 36.

– Vilken mat gillar du?
– Skaldjur.

– Vilket datum är det idag?
– Den tredje.

– Vilket yrke har Jens?
– Han är snickare.

– Vilka matcher är det den här veckan?
– AIK mot MFF och Öster mot Brage.

– Vilka lärare har ni i engelska och tyska?
– John och Günter.

– Vad är det för vecka nu?
– Vecka 36.

– Vad gillar du för mat?
– Skaldjur.

– Vad är det för datum idag?
– Den tredje.

– Vad har Jens för yrke?
– Han är snickare.

– Vad är det för matcher den här veckan?
– AIK mot MFF och Öster mot Brage.

– Vad har ni för lärare i engelska och tyska?
– John och Günter.

PRONOMEN

23 Interrogativa pronomen

Självständiga

| vem, vilka | vad |

Välj pronomen som passar till svaren. Se exempel.

1 – __*Vem*__ har lagt sina nycklar här?   – Olle.

2 – _____ är det?   – Ögondroppar.

3 – _____ är det?   – Kalle.

4 – _____ av eleverna är äldst?   – Klas.

5 – _____ ska du bli?   – Tandläkare.

6 – _____ är din chef?   – Oskar Larsson.

7 – _____ sysslar du med?   – Jag studerar vid universitetet.

8 – _____ är det?   – Bodil.

9 – _____ heter du?   – Ann–Sofi Blomqvist.

10 – _____ ska du bjuda på festen?   – Lennart och Lena.

11 – _____ har du i läxa?   – Engelska och matte.

12 – _____ är Inga gift med?   – Med Anders Berg.

13 – _____ ska du göra i kväll?   – Gå på bio.

14 – _____ har inte fått schemat?   – Marisol och Ana.

15 – _____ jobbar du med?   – Jag är sjuksköterska.

16 – _____ förstår inte engelska här?   – Josef och Maria.

17 – _____ vill du ha att dricka?   – Lite öl, tack.

18 – _____ klarade inte provet igår?   – Kerstin och Susanna.

19 – _____ är bäst i klassen?   – Per Bergström.

20 – _____ har du lärt dig nu?   – Vem, vad och vilka.

PRONOMEN

24 Interrogativa pronomen

Förenade

| vilken ... | vilket ... | vilka ... |

en hårfärg ett språk tidningar
en sjö ett telefonnummer städer
en film ett berg intressen
en storlek ett personnummer färger
en dag ett bilmärke dagar

Välj rätt pronomen och substantiv som passar till svaren. Se exempel.

1 – *Vilket telefonnummer* har du? – 000–112116.

2 – _____ har du? – Golf och fiske.

3 – _____ ska vi se? – Ängeln.

4 – _____ är störst i Sverige? – Stockholm och Göteborg.

5 – _____ är vi lediga? – Lördag och söndag.

6 – _____ har du? – 760730–2182.

7 – _____ är störst i Sverige? – Vänern.

8 – _____ kommer Märta? – Onsdag.

9 – _____ har du på skor? – 40.

10 – _____ är högst i Sverige? – Kebnekaise.

11 – _____ har Olle? – Brun.

12 – _____ har Ulf Dahlin? – Audi.

13 – _____ köper du? – Arbetet och Expressen.

14 – _____ läser du? – Tyska.

15 – _____ gillar du? – Blått och gult.

PRONOMEN

25 Interrogativa pronomen

Använd **vad ... för ...** i stället för *vilken, vilket, vilka* i frågan. Se exempel.

1 – Vilken dag är det idag? – Det är måndag.
   Vad är det för dag idag?

2 – Vilket bilmärke har du? – Mercedes.

3 – Vilket nummer är det på ditt klassrum? – Nummer 6.

4 – Vilken musik gillar du? – Jazzmusik.

5 – Vilka mediciner fick du av doktorn? – Penicillin och värktabletter.

6 – Vilken utbildning har du? – Jag är sjuksköterska.

7 – Vilka nationaliteter är det i er grupp? – Det är bara svenskar och danskar.

8 – Vilken arbetslivserfarenhet har du? – Sju år inom handel och kontor.

9 – Vilket instrument spelar Pelle? – Saxofon.

10 – Vilka språk talar du? – Arabiska och engelska.

11 – Vilken färg är det på din bil? – Den är röd.

PRONOMEN

26 Interrogativa pronomen

vad - vem - vilka
vilk/en -et -a   vad ... för

Gör en intervju med Peter. Skriv frågorna. Se exempel.

1 – _Vad heter du_ ? – Peter Smith.
2 – _____ ? – England.
3 – _____ ? – London.
4 – _____ ? – Engelska.
5 – _____ ? – 1966.
6 – _____ ? – 1994.
7 – _____ ? – Bergsgatan.
8 – _____ ? – Min fru.
9 – _____ ? – Annika.
10 – _____ ? – 000–123 45.
11 – _____ ? – Musiker.
12 – _____ ? – Musik, fotboll, resor.
13 – _____ ? – Bara engelska tidningar.
14 – _____ ? – Åka till Köpenhamn.
15 – _____ ? – Med min kompis Tommy.
16 – _____ ? – Tommys bror som bor där.

Ställ liknande frågor till varandra i klassen!

Berätta om Peter eller om någon i klassen!

PRONOMEN

27 Interrogativa pronomen

Finn tio fel!

Bland följande meningar finns det tio meningar som har fel frågeord. Markera de felaktiga meningarna och rätta dem. Se exempel.

1 Vad gör du?

3 ~~Vilket~~ *Vilken* veckodag är det idag?

5 Vilket år är det?

7 Vad heter du?

9 Vem äter du?

11 Vem sitter bredvid dig?

13 Vilket adress har du?

15 Vilka tidningar läser du?

17 Vad har du för kläder på dig?

19 Vad ska du ha till middag?

21 Vilken månad är du född?

23 Vilken telefonnummer har du?

25 Vilka dagar är du ledig?

27 Vad personnummer har du?

29 Vad har du för yrke?

2 Vem ringer du till?

4 Vilken månad är det?

6 Vilken år är du född?

8 Vem heter du?

10 Vad äter du?

12 Vem bor du tillsammans med?

14 Vad skriver du?

16 Vilka bok läser du?

18 Vilka kläder har du på dig?

20 Vem ska du laga till middag?

22 Vems penna är det här?

24 Vad har du för telefonnummer?

26 Vilka dag går du i skolan?

28 Vilket postnummer har du?

30 Vilken utbildning har du?

PRONOMEN

28 Relativa pronomen

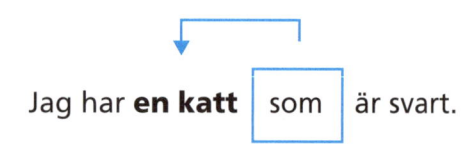

Jag har **en katt** | som | är svart.

Man använder en **som**-sats för att beskriva ett substantiv eller pronomen.
Som-satsen är alltså en bestämning som står *direkt efter* ett substantiv eller pronomen.
(Jämför med bestämning *före*: Jag har en svart katt.)

Som syftar tillbaka på substantiv och pronomen både i singular och plural (personer och saker).
Som används för att binda ihop två satser (huvudsats + bisats), och **som** inleder bisatsen.
Man böjer inte **som**.

OBS! **Som** kan vara subjekt eller objekt i bisatsen.

Jag har *en dotter* **som** heter Emma.
                  subjekt

Jag har *en dotter* **som** jag lämnar på dagis varje dag.
                  objekt

Vi har *ett skåp* **som** är gammalt.
          s

Vi har *ett skåp* **som** vi har köpt på auktion.
          o

Jag har *två rum* **som** är stora.
          s

Jag har *två rum* **som** jag måste städa.
          o

PRONOMEN

29 Relativa pronomen

Komplettera meningarna. Använd den information som står inom parentes. Se exempel.

1. Emma läser en bok som *heter "Sommar i Lund".*
   _____ (Den heter "Sommar i Lund".)

2. Det här är Petra som *jag träffade igår.*
   _____ (Jag träffade henne igår.)

3. Bertil har en syster som _____
   _____ . (Hon bor i USA.)

4. Karin läser brevet som _____
   _____ . (Hon har fått det från Åsa.)

5. Lena har ett jobb som _____
   _____ . (Det är intressant.)

6. Tobias köper blommor som _____
   _____ . (Han ska ge dem till Kajsa.)

7. Det här är Carl-Henrik som _____
   _____ . (Jag träffade honom i Paris.)

8. Olof har två läxor som _____
   _____ . (De är svåra.)

9. Har du sett väskan som _____
   _____ ? (Jag har fått den av Rut.)

10. Eva bor i ett hus som _____
    _____ . (Det är omodernt.)

11. Vill du smaka på bullarna som _____
    _____ ? (Jag har bakat dem.)

12. Peter har en elev som _____
    _____ . (Han kommer från Sydafrika.)

PRONOMEN

13 Det här är mina kusiner som _____

_____ . (Du träffade dem i somras.)

14 Jag har två flickor som _____

_____ . (De är 12 och 15 år gamla.)

15 Jag har en lägenhet som _____

_____ . (Jag hyr den i andra hand.)

16 Får jag läsa uppsatsen som _____

_____ ? (Du har skrivit den.)

17 Vill du ge mig smöret som _____

_____ ? (Det står där borta.)

18 Har du sett korten som _____

_____ ? (Eva har tagit dem.)

19 Vem har tagit brevet som _____

_____ ? (Det låg här.)

20 Vill du ta fram kakorna som _____

_____ ? (Jag bakade dem igår.)

21 Har du skrivit övningen som _____

_____ ? (Vi har den i läxa.)

22 När kommer bordet som _____

_____ ? (Du har beställt det.)

23 Får jag låna veckotidningen som _____

_____ ? (Du köpte den i pausen.)

24 Vart går bussen som _____

_____ ? (Den står där borta.)

25 När börjar programmet som _____

_____ ? (Vi ska se det.)

ADJEKTIV

Adjektiv är ord som beskriver och ger information om substantiv och pronomen.

Adjektivet står

1 **före** substantivet Eva och Hasse har **en stor bil**.
  De bor i **ett stort hus**.
  Hasse gillar **stora bilar** och **stora hus**.

2 **efter** substantiv och pronomen tillsammans med vissa verb, t.ex.

vara	**Vårt kök** är **modernt**.
bli	**Det** har blivit **kallt** nu på morgnarna.
se ... ut	**Din hund** ser **hungrig** ut. Ge den lite mat!
känna sig	**Magda** och **Sture** känner sig **nervösa**. De ska resa utomlands för första gången.

Adjektivet böjs efter det/de substantiv eller pronomen som det beskriver.

Obestämd form

en-ord	*ett-ord*	*plural*
en stor matta	ett stort bord	stora mattor
Mattan är stor.	Bordet är stort.	Mattorna är stora.

Bestämd form

Adjektivet slutar på **-a**, både i singular och plural, direkt efter vissa ord, bl.a.

den	det	de	
min	**mitt**	**mina**	= possessiva pronomen
Lena**s**	Lena**s**	Lena**s**	= s-genitiv

en-ord	*ett-ord*	*plural*
den stora mattan	det stora bordet	de stora mattorna
min stora matta	mitt stora bord	mina stora bord
Lenas stora matta	Evas stora bord	Pers stora mattor

OBS! Ibland vill man inte upprepa ett substantiv. Då står adjektivet ensamt.

> Kalle har en gul cykel, och hans bror har **en blå**.
> Du kan ta den röda pennan, så tar jag **den svarta**.

ADJEKTIV

Några exempel på adjektiv

BILLIG ↔ DYR

HÖG ↔ LÅG

VARM ↔ KALL

TJOCK ↔ SMAL

LJUS ↔ MÖRK

LUGN ↔ OROLIG

ROLIG ↔ TRÅKIG

FRISK ↔ SJUK

STARK ↔ SVAG

REN ↔ SMUTSIG

RIK ↔ FATTIG

MODERN ↔ OMODERN

RANDIG ↔ RUTIG

BLOMMIG ↔ PRICKIG

ADJEKTIV

1 Obestämd form

Välj adjektiv från föregående sida och skriv dem i rätt form. Se exempel.

en _billig_ bok
ett _rutigt_ papper
dyra pennor

en _____ pärm
ett _____ block
_____ böcker

en _tjock_ man
ett _sjukt_ barn
oroliga pojkar

en _____ dörr
ett _____ fönster
_____ fåtöljer

en _____ bokhylla
ett _____ skåp
_____ stolar

en _____ kvinna
ett _____ barn
_____ flickor

en _____ pojke
ett _____ hår
_____ flickor

en _____ flicka
ett _____ hår
_____ pojkar

en _____ mamma
ett _____ barn
_____ föräldrar

en _____ pappa
ett _____ barn
_____ föräldrar

en _____ film
ett _____ program
_____ böcker

en _____ bok
ett _____ ämne
_____ lektioner

en _____ pojke
ett _____ barn
_____ personer

en _____ flicka
ett _____ barn
_____ patienter

ADJEKTIV

2 Obestämd form

Skriv rätt form av de adjektiv som står inom parentes. Se exempel.

en _____stark_____ ost (stark)

ett _____rent_____ ansikte (ren)

en _____ man (rik)

en _____ morgon (varm)

_____ cigarretter (stark)

ett _____ land (rik)

en _____ kvinna (fattig)

en _____ kväll (kall)

ett _____ papper (rutig)

_____ lampor (modern)

_____ händer (ren)

en _____ handduk (ren)

_____ familjer (rik)

ett _____ hus (kall)

_____ byxor (rutig)

_____ kjolar (randig)

ett _____ täcke (blommig)

en _____ duk (prickig)

ett _____ hus (modern)

en _____ skjorta (randig)

_____ blusar (blommig)

_____ dagar (varm)

_____smutsiga_____ fötter (smutsig)

en _____ dryck (svag)

ett _____ barn (fattig)

_____ bokhyllor (omodern)

ett _____ papper (randig)

_____ cigarrer (svag)

ett _____ te (svag)

en _____ blus (rutig)

en _____ hand (smutsig)

_____ människor (fattig)

ett _____ kaffe (stark)

ett _____ hår (smutsig)

en _____ lägenhet (modern)

_____ strumpor (randig)

en _____ gardin (blommig)

_____ nätter (kall)

ett _____ paraply (prickig)

ett _____ bord (omodern)

en _____ fåtölj (omodern)

ett _____ klimat (varm)

_____ klänningar (prickig)

ett _____ kaffe (kall)

162 © 1996 Fasth—Kannermark • Kopiering förbjuden

ADJEKTIV

3 Obestämd form

Skriv rätt form av de adjektiv som står inom parentes. Se exempel.

1 Jag köpte en bok igår. Den var ____*billig*____. (billig)

2 Mia har ett bord. Det är _____ och passar bra till soffan. (låg)

3 Några flickor i min klass är mycket trötta. De ser nästan _____ ut. (sjuk)

4 Vårt badrum är så _____. Vi behöver en extra lampa där. (mörk)

5 Laila har varit sjuk länge, men nu känner hon sig _____ igen. (frisk)

6 Holger och Hilding är _____. De dricker nog för mycket öl. (tjock)

7 Mattan i köket är _____, så jag måste tvätta den. (smutsig)

8 Lägenheterna i det gamla huset på Nygatan var _____. (omodern)

9 Papperet, som jag skriver på, är _____. (randig)

10 Kaffet, som Eva bjöd på, var _____. (kall)

11 Lars-Ove röker _____ cigarretter. (stark)

12 Huset, som Anders köpte i förra veckan, var _____. (billig)

13 Filmen, som vi såg igår, var _____. (tråkig)

14 Oskars pojkar har blivit _____ genom att exportera papper. (rik)

15 Sonja köpte ett paraply igår. Det är _____. (prickig)

16 Barnet, som kom in på akuten i morse, såg mycket _____ ut. (sjuk)

17 Karin har bantat i två månader. Nu är hon ganska _____ igen. (smal)

18 Maria har köpt två blusar och en kjol. Blusarna är _____, och kjolen är enfärgad. (blommig)

19 Papperet, som jag räknar på, är _____. (rutig)

20 Vi såg ett TV-program igår kväll. Det var _____. (rolig)

21 Eleverna i klass 1c fick studera själva igår, för läraren blev _____ och var tvungen att gå hem. (sjuk)

22 Jag köpte skinka och ost i delikatessdisken. Osten var _____. (stark)

23 Barbro skickar pengar till sina föräldrar, för de är _____. (fattig)

24 Lottas hår har blivit _____ i sommar. (ljus)

ADJEKTIV

25 När Anita och Per var på semester var de _____ för sina barn som var ensamma hemma. (orolig)

26 Lisa har fått en lägenhet. Köket är mycket _____. (modern)

27 Anna-Lena röker _____ cigarretter. (svag)

28 Anna och Inga har kommit hem från sjukhuset. De ser _____ ut nu. (frisk)

29 Jag skickade ett paket till USA igår. Portot var _____. (dyr)

30 Jesper har tvättat hela dagen. Nu är hans kläder _____. (ren)

31 Stina har köpt _____ gardiner till sitt kök. (prickig)

32 Trädet, som står utanför skolan, är _____. (hög)

33 Det var föräldramöte igår. Vi satt i barnens skolsal. Bänkarna var för _____ för oss. (låg)

34 Brödet var _____ när jag köpte det på bageriet i morse. (varm)

35 Jag kan nästan inte se ut, för fönstret är så _____. (smutsig)

36 Gustav fick en bok i julklapp. Den var _____. (rolig)

37 I Carlssons skyltfönster hänger två _____ kostymer. (mörk)

38 Mona är barnflicka i USA. Familjen, som hon jobbar hos, är _____. (rik)

39 Mats har fått en lägenhet, men huset är _____. (omodern)

40 Igår handlade jag på sko-rea. Skorna var _____. (billig)

41 Igår kväll somnade jag framför TV:n, för programmet var så _____. (tråkig)

42 Kajsa gillar _____ klänningar. (blommig)

43 Pojken, som går omkring i trasiga kläder, är _____. (fattig)

44 I mitt bostadsområde är husen _____. (hög)

45 Det regnade och var kallt igår morse, men på eftermiddagen blev det _____. (varm)

46 Det är modernt med _____ skjortor. (rutig)

47 Barnen kände sig lite _____ första dagen i skolan. (orolig)

48 Jag tvättade en tröja igår, men den blev inte _____. (ren)

ADJEKTIV

4 Obestämd form

Skriv substantiv som passar till adjektiven. Se exempel.

1 _Kaffet_ är svagt.   _Emma_ är tjock.
2 _Pojkarna_ är smala.   _____ är modern.
3 _____ är kalla.   _____ är lugn.

4 _____ är dyr.   _____ är randig.
5 _____ är svag.   _____ är hög.
6 _____ känner sig orolig.   _____ är starkt.

7 _____ är rutig.   _____ är smalt.
8 _____ ser friska ut.   _____ är varma.
9 _____ är omodern.   _____ är roliga.

10 _____ är låg.   _____ ser rent ut.
11 _____ är kall.   _____ känner sig lugn.
12 _____ är tråkiga.   _____ är rikt.

13 _____ är smutsiga.   _____ är ljusa.
14 _____ ser sjukt ut.   _____ är moderna.
15 _____ var fattigt.   _____ är tjockt.

16 _____ var randiga.   _____ är blommigt.
17 _____ var prickiga.   _____ är rik.
18 _____ är rolig.   _____ är roligt.

19 _____ är smal.   _____ är kallt.
20 _____ är dyrt.   _____ ser oroliga ut.
21 _____ känner sig frisk.   _____ är tråkigt.

ADJEKTIV

5 Obestämd form

billig – dyr	hög – låg	randig – rutig
lugn – orolig	frisk – sjuk	rolig – tråkig
ren – smutsig	rik – fattig	modern – omodern
varm – kall	tjock – smal	blommig – prickig
ljus – mörk	stark – svag

Välj adjektiv som passar till substantiven. Skriv adjektiven i rätt form. Se exempel.

1 En våning kan vara _billig_ .   Ett jobb kan vara _roligt_ .

2 En hund kan vara _____ .   Gardiner kan vara _____ .

3 En dag kan vara _____ .   Ett papper kan vara _____ .

4 Handskar kan vara _____ .   Ett barn kan vara _____ .

5 En bok kan vara _____ .   Dukar kan bli _____ .

6 Ett land kan vara _____ .   Handdukar kan vara _____ .

7 En katt kan vara _____ .   Ett golv kan bli _____ .

8 Mediciner kan vara _____ .   Ett frimärke kan vara _____ .

9 Läkare måste vara _____ .   En pojke kan se _____ ut.

10 Ett fönster kan vara _____ .   Byxor kan vara _____ .

11 En vinter kan vara _____ .   Fåtöljer kan bli _____ .

12 Ett träd kan vara _____ .   En elev kan känna sig _____ .

13 Skor kan vara _____ .   En ost kan vara _____ .

14 Stövlar kan vara _____ .   Ett ämne kan vara _____ .

15 Ett hår kan vara _____ .   En familj kan vara _____ .

16 Trappor kan vara _____ .   Ett område kan vara _____ .

17 En tidning kan vara _____ .   Gator kan vara _____ .

18 TV-program kan vara _____ .   En kvinna kan se _____ ut.

19 Cigarretter kan vara _____ .   Lärare kan vara _____ .

6 Adjektiv med speciella former

en-ord	ett-ord	plural	motsatser
ny	ny**tt**	nya	gammal
vit	vi**tt**	vita	svart
trött	trött	trötta	pigg
svart	svart	svarta	vit
röd	rö**tt**	röda	
hård	hå**rt**	hårda	mjuk
tom	tomt	to**mm**a	full
tunn	tu**nt**	tunna	tjock
enkel	enkelt	**enkla**	dubbel/svår
mogen	mog**et**	**mogna**	omogen
vacker	vackert	**vackra**	ful
gammal	gammalt	**gamla**	ny/ung
liten	lit**et**	**små**	stor
bra (oböjligt)	bra	bra	dålig

Välj lämpligt adjektiv och rätt form från rutan. Se exempel.

1 Erik fick sitt pass igår. Det är ___*nytt*___.

2 Eva hade bara ett fel på skrivningen igår. Resultatet var mycket _____.

3 Olle och Karin är 90 år. De är _____.

4 Anders har jobbat 12 timmar idag. Han är _____.

5 Gula bananer är _____ , men en grön banan är inte _____.

6 Det finns inget i det här glaset. Det är _____.

7 Man blir _____ om händerna när man läser morgontidningen.

8 Lena fick _____ rosor av sin man på bröllopsdagen.

9 Man brukar ha _____ kläder på sig på begravningar.

10 Sjukvårdspersonal arbetar ofta i _____ kläder.

11 Patrik köpte både ett _____ vin och ett _____ vin igår.

12 Barnet, som sitter i mitt knä, är _____ men kan inte somna.

13 Smöret blir _____ om det står i frysen.

ADJEKTIV

14 Oskar svarade rätt på alla frågor på testet igår. De var _____.

15 Blusen i storlek 36 var för _____, så jag provade en i storlek 38 i stället.

16 Man kan se igenom det här papperet. Det är _____.

17 Man kan inte äta det här äpplet, för det är inte _____.

18 Många vill fotografera Fatima, för hon har så _____ ögon.

19 Läs de här böckerna! De är mycket _____.

20 Ylva tog det här fotot 1945. Det är _____.

21 Det finns inget i de här flaskorna. De är _____.

22 Rut är intresserad av kläder. Hon köper ofta _____ kläder.

23 När vi är _____ är det skönt att vila.

24 Om det blir _____ väder i morgon ska vi ta en lång promenad.

25 Katten är ett _____ djur, men det är inte elefanten.

26 Kalle är en _____ lärare. Alla gillar honom.

27 Byxorna, som Sofia provade igår, var för _____, så hon kunde inte ha dem.

28 Sverige har en _____ drottning. Eller hur?

29 Göran ska åka från Malmö till Lund. Han köper en _____ biljett.

30 När det är varmt har man bara _____ kläder på sig.

31 När Tobias hade flyttat, stod lägenheten _____ i flera veckor.

32 Jag måste köpa en _____ kamera, för den här fungerar inte.

33 Maja hade hög feber igår. Hon var alldeles _____ om kinderna.

34 Stolarna i skolan är _____. Det är obekvämt att sitta på dem.

35 Gösta vill inte ha något tjockt täcke på natten, bara en _____ filt.

36 Bertil löste mitt problem på 30 sekunder. Det var _____ för honom.

37 Jag kan inte äta bullen från igår, för den är så _____.

38 Huset vid stadsbiblioteket var alldeles _____ efter branden i natt.

7 Adjektiv med speciella former

en-ord	ett-ord	plural	motsatser
fri	fri**tt**	fria	
våt	vå**tt**	våta	torr
lätt	lätt	lätta	svår/tung
kort	kort	korta	lång
god	go**tt**	goda	dålig
rund	ru**nt**	runda	fyrkantig
dum	dumt	du**mm**a	klok
sann	sa**nt**	sanna	osann
dubbel	dubbelt	**dubbla**	enkel
ledsen	leds**et**	**ledsna**	glad
säker	säkert	**säkra**	osäker
gammal	gammalt	**gamla**	ung/ny
liten	lit**et**	**små**	stor
gratis (oböjligt)	gratis	gratis	

Välj lämpligt adjektiv och rätt form från rutan. Se exempel.

1 Tack för maten! Den var ___*god*___.

2 – Hur _____ är det här huset?   – Det är från 1972.

3 Anja och Rolf har flyttat hemifrån. De känner sig _____ nu.

4 En handduk blir _____ när man torkar sig på den.

5 – Hur _____ är dina föräldrar?   – Mamma är 75 och pappa är 79.

6 Vi är mycket _____, men vi kan tyvärr inte hjälpa dig idag.

7 Alla kom in på cirkusen utan att betala. Biljetterna var _____.

8 Ulrika svarade rätt på alla frågor. De var _____.

9 – Är ni _____ på att ni hinner till tåget?   – Javisst.

10 När mina barn var _____ bodde de hos moster Ada på loven.

11 Åsa skrev inte så mycket till Anna igår. Det blev bara ett _____ brev.

12 Mattias och Bo har varit _____ mot Alf, så de ska be om ursäkt.

13 Sverige är ett _____ land. Man kan säga och skriva vad man vill.

ADJEKTIV

14 – Oh, vilket _____ vin. Varifrån kommer det?   – Från Spanien.

15 Pojkarna i skolan var så hungriga att de åt _____ portioner.

16 Det lilla barnet, som har tappat sin docka, ser _____ ut.

17 Paketet från USA vägde bara 0,5 kg. Det var _____.

18 – Jag är _____, men jag kan inte komma i morgon.   – Så synd!

19 – Är det _____ att Lina har gift sig?   – Ja, det stod i tidningen igår.

20 När det regnar blir kläderna _____.

21 – Oh, vilka _____ kakor. Har du bakat dem själv?   – Ja.

22 Det finns olika geometriska figurer. Cirklar är _____.

23 Lillemor ska klippa sitt långa hår. Hon vill ha en _____ frisyr nu.

24 Köket i Kristers lägenhet är bara på 4 kvm. Det är _____.

25 – Vill du ha en stor eller en _____ glass?   – Det spelar ingen roll.

26 Det var _____ av mig att säga så. Ursäkta!

27 Vi har två _____ pauser, en klockan tio och en klockan tre.

28 – Hur _____ är din dotter?   – 3 år.

29 – Är du _____ på att du klarar din examen?   – Javisst.

30 – Behöver jag inte betala portot på det här brevet?   – Nej, det är _____.

31 Jordklotet är _____.

32 Jag tror inte på Urbans berättelser. De kan inte vara _____.

33 Jag vill ha en _____ duk som är 115 cm i diameter.

34 – Klarade du skrivningen i matte förra veckan?   – Ja, den var _____.

35 Sätt dig inte där! Gräset är _____ efter regnet.

36 Det är inte _____ att jag kan komma, men jag ska försöka.

37 Olle är en _____ man nu. Polisen släppte honom igår.

38 Det är ofta _____ parkering på helger.

ADJEKTIV

8 Obestämd form

kall	varm	rolig	tråkig	snäll	dum
trevlig	skön	god	dyr	billig	ful
sann	säker	svår	lätt	vacker	jobbig

Välj lämpliga adjektiv. Se exempel.

1 Det är _**kallt**_ på vintern i Sverige.

2 Det är _____ att städa.

3 Det är _____ att handla på rea.

4 Det var _____ av dig att ringa till mig på födelsedagen.

5 Det är _____ att ljuga.

6 – Är det _____ att du kan komma?   – Javisst.

7 Det är _____ att bada i havet.

8 Det är _____ att dricka vin till maten. Eller hur?

9 Det var _____ att du inte kunde komma på festen igår.

10 Det är _____ i Sverige på sommaren.

11 Det är _____ att cykla i storm.

12 Det är _____ att koka te.

13 Det var _____ att träffa dig.

14 Det är _____ att leva i Sverige.

15 – Är det _____ att du har vunnit en miljon?   – Ja, det är det.

16 Det är _____ att träffa nya människor.

17 – Var det _____ på festen igår?   – Ja, det var det verkligen.

18 Det var _____ av mig att säga så. Ursäkta!

19 Det är _____ att köra bil när det är halt.

20 Det är _____ att titta på ishockey.

21 – Är det _____ att röka efter maten?   – Ja, det är det.

22 Det är _____ att sova länge på morgnarna.

ADJEKTIV

9 Obestämd form

~~stark~~	trogen	arg	envis	stolt	hungrig
listig	snäll	ung	tjock	rik	smal
fattig	kall	vit	lätt	stor	
dålig	hård	glad	tyst	dum	

Kombinera adjektiv och substantiv. Se exempel. Några adjektiv passar inte.

1 _Stark_ som en häst

2 _____ som en varg

3 _____ som en gås

4 _____ som ett hus

5 _____ som en åsna

6 _____ som sten

7 _____ som en tupp

8 _____ som en hund

9 _____ som en kyrkråtta

10 _____ som en fjäder

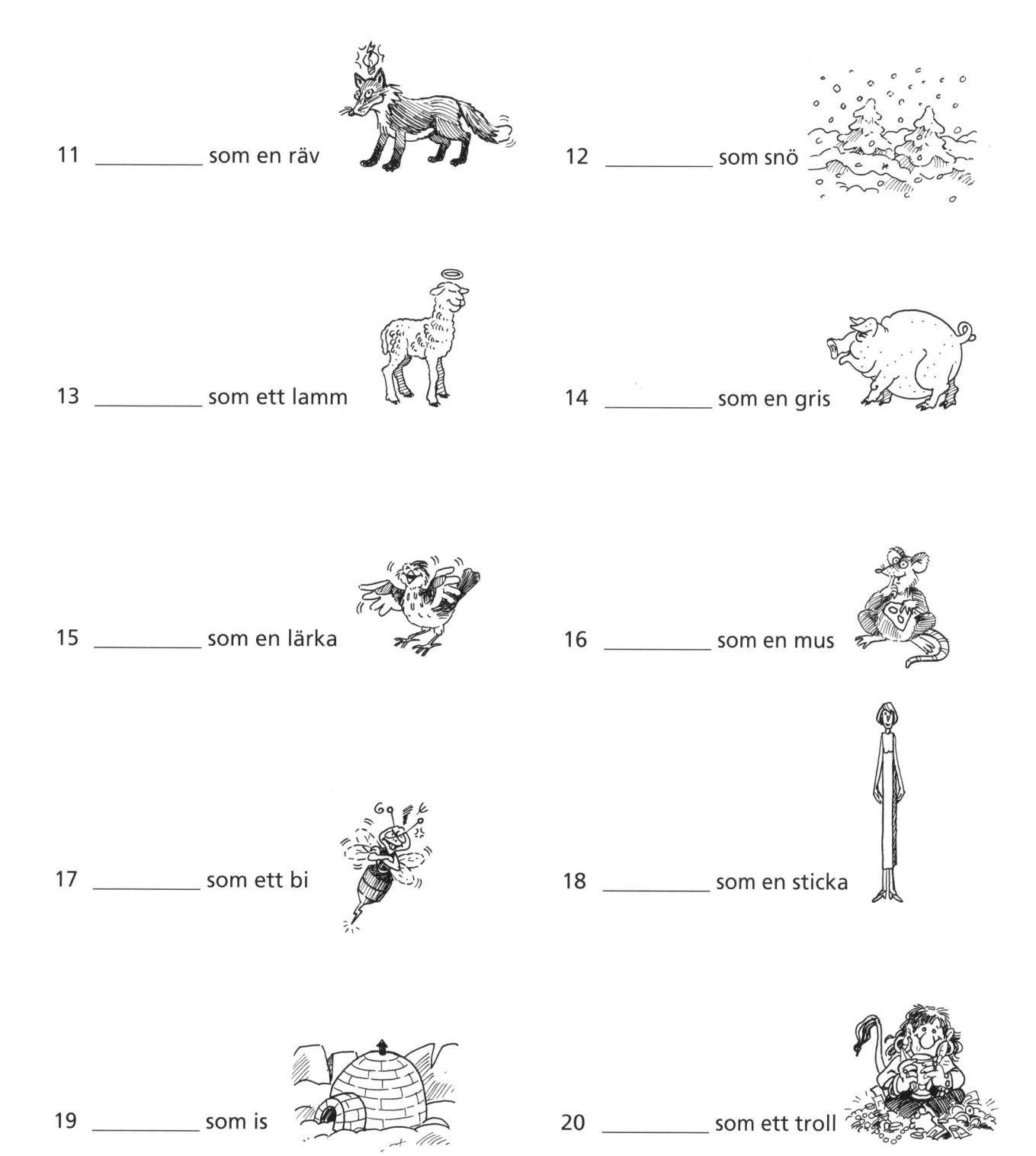

ADJEKTIV

11 _____ som en räv

12 _____ som snö

13 _____ som ett lamm

14 _____ som en gris

15 _____ som en lärka

16 _____ som en mus

17 _____ som ett bi

18 _____ som en sticka

19 _____ som is

20 _____ som ett troll

ADJEKTIV

10 Obestämd form

Kan du det här? Skriv lämpliga adjektiv. Se exempel.

1 Man är _lång_ om man är över 1.90.

2 Det är _____ om det är minus 20 grader.

3 Barn blir _____ när de får presenter.

4 En boll är _____ .

5 Anna har ont i halsen, så hon röker bara _____ cigarretter.

6 Familjen Bergs hus blev färdigt för en månad sedan. Det är alldeles _____ .

7 Föräldrar brukar bli _____ när barnen inte lyder.

8 Om man är 17 år är man _____ .

9 Rosor är _____ blommor.

10 Förr eller senare blir håret _____ .

11 – Toaletten är _____ nu, så du kan gå in. – Tack. Det var bra.

12 Man blir _____ när det regnar.

13 Det är _____ att räkna ut vad 2 + 2 är.

14 Om man vinner en miljon kronor blir man _____ .

15 Det finns _____ , _____ , och _____ paprikor.

16 Det finns inte ett moln på himlen idag. Den är alldeles _____ .

17 I morse somnade Ola på första lektionen, för läraren var så _____ .

18 Människor som slår varandra är _____ .

19 Familjen Lindström bor i ett hus som bara har kallt vatten och dessutom toalett på gården. Huset är _____ .

20 Carl Persson springer 100 meter på 10.3 sekunder. Han är _____ .

21 I _____ flaskor finns det ingenting.

22 Solen är _____ .

23 Ett bord som kostar 100 kronor är _____ .

24 På dagen är det _____ , men på natten är det _____ .

ADJEKTIV

25 Det är _____ om det är plus 25 grader.

26 När man tvättar händerna blir de _____.

27 Kajsa gillar inte att gå till tandläkaren. Hon känner sig alltid _____ när hon ska gå dit.

28 Ett paket som väger 50 kilo är _____.

29 När man har ätit mycket är man _____.

30 Det finns _____ och _____ bröd.

31 Alla gillar inte att äta citroner, för de är _____.

32 Kjell har inte pengar till mat och kläder. Han är _____.

33 Man blir _____ om man jobbar för mycket.

34 I en korvkiosk kan man köpa _____ och _____ korvar.

35 Mikael har alltid alla rätt på sina prov. Han är _____.

36 Tord skrattar ofta. Han är en _____ man.

37 Man hänger tvätten i torkskåpet för att den ska bli _____.

38 Personer som sitter i fängelse är inte _____.

39 Om man tar mycket socker i kaffet blir det _____.

40 Träden blir _____ på våren.

41 Ett hus är _____ om det har 10 våningar.

42 Mannekänger äter inte så mycket, för de vill vara _____.

43 Zebran är ett _____ djur.

44 Man är nog _____ om man inte har ätit på flera timmar.

45 Man tvättar kläderna när de är _____.

46 Ida och Emil är mycket _____ för deras katt har dött.

47 Om man kryddar maten mycket gillar man _____ mat.

48 Om man har 39 grader i feber är man _____.

49 Man kan ha _____, _____ och _____ ögon.

50 Utan miniräknare är det kanske _____ att räkna ut vad 79 x 183 är.

51 Man är _____ om man är under 1.60.

ADJEKTIV

52 Tomater ska vara _____ i färgen när man äter dem.

53 Ett schackbräde är _____.

54 Om man är 85 år är man _____.

55 Man är _____ på morgonen om man har sovit gott på natten.

56 Gröna bananer är inte _____.

57 Snön är _____.

58 En historia som man skrattar åt är _____.

59 Olle har IG (=icke godkänd) i matte. Han är _____ i matte.

60 Ett hus är _____ om det bara har två våningar.

61 Cirklar är _____.

62 Bilar som kostar 150.000 kronor är _____.

63 Nästan alla barn tycker att det är _____ med glass.

64 – Du får vänta lite, för toaletten är _____. – Oj då! Jag hoppas att den snart blir ledig.

65 Man är _____ om man gäspar.

ADJEKTIV

11 Bestämd form

Adjektivet slutar på **-a** = **bestämd form** (= samma som pluralformen) direkt efter bl.a.

den (här, där)	**det** (här, där)	**de** (här, där)	
min	**mitt**	**mina**	= possessiva pronomen
etc.			
Eva**s**	Eva**s**	Eva**s**	= s-genitiv

en-ord　　　　　　*ett-ord*　　　　　　*plural*

den stor**a** bilen　　det stor**a** huset　　de stor**a** bilarna
min stor**a** bil　　　mitt stor**a** hus　　 mina stor**a** bilar
Evas stor**a** bil　　　Pers stor**a** hus　　 Åkes stor**a** bilar

OBS! adjektivet **liten**

den **lilla** pojken　　det **lilla** barnet　　de **små** pojkarna
din **lilla** pojke　　 ditt **lilla** barn　　 dina **små** pojkar
Evas **lilla** pojke　　Pers **lilla** barn　　 Åkes **små** pojkar

OBS!
Ibland slutar den bestämda formen i singular på **-e** framför maskulina substantiv, t.ex. den gaml**e** mannen, den lill**e** pojken.

ADJEKTIV

12 Obestämd och bestämd form

Skriv rätt form av de adjektiv som står inom parentes. Se exempel.

1 Jag har inte så mycket pengar. Finns det ingen __*billig*__, begagnad cykel? (billig)

2 Du får inte köpa den här _____ jackan. Den kostar för mycket. (dyr)

3 – Jag skulle vilja ha ett _____ skärp. (brun)

 – Du kan titta i Bältesboden. Det finns många _____ skärp där. (snygg)

4 – Trivs du bra i ditt _____ hus? (ny) – Jadå.

5 – Vet du nu var porslinet står?

 – Ja. Kopparna står i det _____ skåpet och glasen i det _____. (hög, låg)

6 – Har du sett Evas _____ bil? (ny)

 – Ja, men vad har hon gjort med sin _____? (gammal)

 – Tommy har köpt hennes _____ bil. (gammal)

7 – Där är en korvkiosk. Gud, vad jag är hungrig! Vad vill du ha?

 – De _____ korvarna ser goda ut. Jag tar en _____ med potatismos. (tjock)

 – Okej, jag föredrar nog de _____ korvarna. Jag tar en _____ med bröd. (smal)

8 – Har du sett min _____ blus? (rutig)
 – Ja, den ligger i tvätten.

 – Javisst ja. Då får jag ta den _____ i stället. (randig)

9 – Vem blir Lucia i år, tror du?

 – Den _____, _____ flickan i klass 3 c. (lång, ljus)

10 – Vem av flickorna är din dotter?

 – Det är flickan med det _____ håret. (röd)

11 – Vilken resväska ska du ta?

 – Jag tar den _____ väskan. (liten)

ADJEKTIV

12 – Vill du titta på mina _____ kattungar? (liten)
 – Ja, gärna. Jag älskar katter.

13 Fy! Man somnar ju på Karl-Henriks _____ lektioner. (tråkig)

14 Vi skrattade åt den _____ clownen på cirkusen igår. (rolig)

15 – Finns det några _____ lägenheter i ert hus? (tom)
 – Jadå. Ett par stycken.

16 – Jag vet inte vad jag ska ha på mig i kväll.

 – Ta din _____ kjol! Den klär dig. (lång)

17 – Vet du att Emelie har klippt sig?

 – Ja. Hon är jättesöt i sin _____ frisyr. (kort)

18 – Titta, vilket _____ hus! (vacker)
 – Ja, där skulle man bo.

19 – Ska jag kasta det här _____ , _____ tyget.
 (ful, gammal)
 – Nej, gör inte det! Det kan vara bra att ha.

20 – Vad gillade du de _____ ostarna som Kalle bjöd på? (stark)
 – De var jättegoda.

21 Det var nästan vindstilla igår. Det blåste bara en _____ vind från havet.
 (svag)

22 – I kväll ska jag träffa några _____ studiekompisar. Vi ska åka till Köpenhamn och gå på Tivoli. (gammal)
 – Vad trevligt!

23 Oh, vad de här _____ lakanen luktar gott! (ren)

24 – Måste du ha det där _____ förklädet på dig? (smutsig)
 – Nej, jag ska byta.

25 – Vilket rum ska jag bo i?

 – I det _____ rummet till vänster. (liten)

26 Maria jobbar extra för att kunna skicka pengar till sin _____ syster. (fattig)

27 – Röker du?
 – Ja, men bara _____ cigarretter. (svag)

28 Vi skriver ofta brev till våra _____ släktingar. (rik)

ADJEKTIV

29 – Känn på det här _____ tyget! (mjuk)
   – Oh, det skulle jag vilja sy en morgonrock av.

30 Usch, vilka _____ stolar! Dem kan man ju inte sitta på. (hård)

31 När Eva hade blivit frisk från sin _____ sjukdom gjorde hon en jordenruntresa. (svår)

32 – Kan du bära en av de här väskorna?

   – Ja, den _____ väskan i så fall. Du får själv ta den _____ väskan. (lätt, tung)

33 – Mina barn är tre, fem och sex år.

   – Det måste vara jobbigt med tre _____ barn? (liten)

34 Jag har inga _____ skor. Jag måste köpa ett par. (modern)

35 – Var har du lånat den boken?

   – På det _____ biblioteket i centrum. (stor)

36 – Ser du bra med dina _____ glasögon? (ny) – Ja, jättebra.

37 – Vilken _____ kappa du har! (fin) – Tack.

38 – Vet du var Lindas _____ skärp är? (röd)
   – Ja, det ligger i badrummet.

39 – Skulle du vilja stryka min _____ skjorta till i morgon? (vit)

   – Ja, det kan jag väl. Jag kan stryka den _____ också om du vill. (blå)

   – Det var snällt av dig. Jag har inte så många _____ skjortor, förstår du. (ren)

40 – Vilka nyheter ska du se?
   – Jag ska jobba i kväll, så jag får se de _____ nyheterna klockan sex. (tidig)

41 – Vet du vad Bosses _____ fru heter? (ny)
   – Nej. Jag har inte träffat henne än.

42 – Vem är det som är chef här?

   – Det är han med den _____ näsan. (stor)

43 – Vill du följa med till stan och titta på vårens _____ mode? (ny)
   – Ja gärna.

ADJEKTIV

44 – Var ska jag ställa de här blommorna?

– Ställ dem på det _____ bordet i vardagsrummet! (rund)

45 När Andreas kom hem upptäckte han att någon hade tagit hans _____ cykel. (ny, fin)

46 Under skolavslutningen i kyrkan kunde de _____ barnen inte sitta stilla. (liten)

47 – Vad tycker du om vårt _____ TV-rum? (liten)
– Det är jättemysigt.

48 – Var är det _____ paraplyet? (rutig)

– Jag har inte sett något _____ paraply. (rutig)

49 – Vem ska sköta er _____ trädgård medan ni är på semester? (fin)
– En av våra grannar.

50 Det fanns inget _____ bröd i vår jourbutik, så jag köpte ett paket

_____ bröd i stället. (färsk, hård)

51 – Kommer det ingen _____ film snart? (ny)

– Har du inte läst om den _____ filmen? Den hade ju premiär förra veckan. (ny)

52 – Vilket _____ halsband du har? Var har du köpt det? (snygg)

– I den _____ guldsmedsaffären vid torget. (gammal)

53 Det här _____ vykortet ska jag spara. (vacker)

54 Jag ska tvätta i morgon. Lägg era _____ kläder i tvättkorgen! (smutsig)

55 Min hund vill gärna ligga i vår _____ soffa. (ny)

56 – Vad tycker du om det _____ klimatet i norra Sverige? (kall)
– Det är härligt.

ADJEKTIV

13 Adjektivets komparation

När man vill göra *en jämförelse* mellan olika personer/saker brukar man använda adjektivets **komparationsformer**.

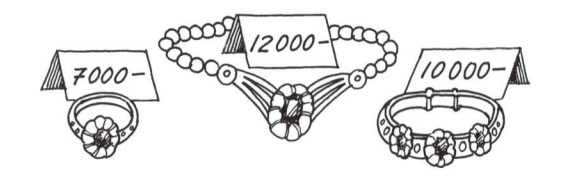

Ringen är dyr.
Armbandet och halsbandet
är dyr**are** *än* ringen.
Halsbandet är dyr**ast** av smyckena.

Kalle är ung.
Elin och Per är **y**ng**re** *än* Kalle.
Per är **y**ng**st** av syskonen Boman.

Hunden är liten.
Katten och råttan är **mindre** *än* hunden.
Råttan är **minst** av de tre djuren.

Adjektiven har tre komparationsformer:

Positiv   *Komparativ*   *Superlativ*
(= grundformen)

dyr, -t, -a	dyr**are**	dyr**ast**
billig, -t, -a	billig**are**	billig**ast**
ung, -t, a	**y**ng**re**	**y**ng**st**
st**o**r, -t, -a	st**ö**rr**e**	st**ö**r**st**
gammal, -t, gamla	**äldre**	**äldst**
lite/n, -t, små	**mindre**	**minst**

Vid jämförelse i komparativ använder man **än** framför det andra ledet.

Ex.: Mjölk är billigare **än** öl.
En elefant är större **än** en myra.
Eiffeltornet i Paris är äldre **än** Globen i Stockholm.

ADJEKTIV

14 Adjektivets komparation – grupp 1

Soffan är billig.
Fåtöljen och bordet är billig**are** *än* soffan.
Bordet är billig**ast** av de tre möblerna.

Positiv	Komparativ	Superlativ
smal, -t, -a	smal**are**	smal**ast**
tjock, -t, -a	tjockare	tjockast
bred, -brett, breda	bredare	bredast
rolig, -t, -a	roligare	roligast
tråkig, -t, -a	tråkigare	tråkigast
varm, -t, -a	varmare	varmast
kall, -t, -a	kallare	kallast
enk/el, -elt, -la	enklare	enklast
mog/en, -et, -na	mognare	mognast
vack/er, -ert, -ra	vackrare	vackrast
dum, -t, -ma	dummare	dummast
långsam, -t, -ma	långsammare	långsammast

Adjektiv som slutar på **-el**, **-en**, **-er** *tappar* **-e** i komparativ och superlativ precis som pluralformen i positiv.

Adjektiv som slutar på **långt betonat -m** får **mm** i komparativ och superlativ precis som pluralformen i positiv.

De flesta adjektiv komparerar man enligt grupp 1.

Skriv rätt form av adjektiven. Se exempel.

1 *varm* – I Sverige brukar juni och juli vara __*varmare*__ än april och maj.

Vilken månad är __*varmast*__ i ditt hemland? – Januari.

2 *söt* Apelsiner är _____ än citroner.

3 *sur* Citroner är _____ än apelsiner.

4 *rolig* – Vilket ämne var _____ i skolan?

– Historia. Det var _____ än alla andra ämnen.

5 *trevlig* Jag tycker att Lasse är mycket _____ än Emma. Han är alltid

så glad och positiv.

6 *smal* – Vilken gata är _____ här i staden? – Lilla Tvärgatan.

7 *bred* – Är Amiralsgatan _____ än Kaptensgatan? – Ja.

ADJEKTIV

15 Adjektivets komparation – grupp 2

Huset är högt.
Kyrkan och vattentornet är hö**gre** än huset.
Vattentornet är hö**gst** av de tre byggnaderna.

Positiv	Komparativ	Superlativ
hög, -t, -a	hö**g**re	hö**g**st
ung, -t, -a	**y**ngre	**y**ngst
tung, -t, -a	t**y**ngre	t**y**ngst
låg, -t, -a	l**ä**gre	l**ä**gst
lång, -t, -a	l**ä**ngre	l**ä**ngst
stor, -t, -a	st**ö**rre	st**ö**rst

Alla adjektiv i grupp 2 utom hög får **omljud** i komparativ och superlativ.
u → y
å → ä
o → ö

Skriv rätt form av adjektiven. Se exempel.

1 lång – Vilken flod är ___*längst*___ i världen? – Nilen.

– Är Nilen verkligen _____ än Mississippi?

– Ja, det tror jag.

2 hög – Vilket berg är _____ i världen?

– Mount Everest. Kebnekaise är _____ i Sverige, men Mount

Everest är flera tusen meter _____ än Kebnekaise.

3 tung Kajsas ryggsäck är _____ än hennes lilla handväska,

men hennes resväska är _____ .

4 låg Mitt soffbord är _____ än mitt matbord.

Min gamla soffa är _____ av alla mina möbler.

5 stor – Är Malmö _____ än Göteborg? – Nej.

– Vilken stad är _____ i Europa?

– Jag vet inte, men jag ska ta reda på det.

6 ung Markus, som bara får köra moped, är tre år _____ än Olof

som nyligen tagit körkort.

Niklas, som är tretton år, är _____ av de tre pojkarna.

© 1996 Fasth—Kannermark • *Kopiering förbjuden*

ADJEKTIV

16 Adjektivets komparation – grupp 3

Elsa är gammal.
Arvid och Frida är **äldre** än Elsa.
Frida är **äldst** av syskonen Berg.

Positiv	Komparativ	Superlativ	
gammal, -t, gamla	äldre	äldst	
lite/n, -t, små	mindre	minst	
bra, -, -	bättre	bäst	
dålig, -t, -a	sämre	sämst	
mycket	mer(a)	mest	(adverb)
många	fler(a)	flest	(pronomen)

Skriv rätt form av adjektiven.   Se exempel.

1 *bra* Idag är vädret ____*bättre*____ än igår.

Sommaren är _____ av alla årstider, tycker jag.

– Vilken årstid är _____, tycker du?

– Hösten.

2 *dålig* Henrik är _____ i klassen i matte, men han är inte

_____ än sina klasskamrater i fysik och kemi.

3 *liten* – Är Danmark _____ än Sverige?

– Ja.

– Vilket land är _____ i världen?

– Jag vet inte.

4 *gammal* Birgitta är _____ av syskonen Björkman. Hon är fyra år

_____ än Olle och sju år _____ än Stina.

ADJEKTIV

17 Komparativ – motsatser

Jämför A och B. Använd komparativ. Se exempel.

A	B		
Adam	Bo	Adam är	Bo är alltså
1.90 m	1.70 m	*längre än Bo.*	*kortare än Adam.*
30 år	36 år	_____	_____
90 kg	70 kg	_____	_____

Adams lägenhet	Bos lägenhet	Adams lägenhet är	Bos lägenhet är alltså
100 kvm	83 kvm	_____	_____
6.200 kr/månad	4.900 kr/månad	_____	_____
3 år gammal	12 år gammal	_____	_____

Jämför Sara och Anna.

Sara	Anna	Sara är	Anna är alltså
		_____	_____
		_____	_____
		_____	_____
		_____	_____
		_____	_____
		Sara har	Anna har alltså
		_____	_____
		_____	_____
		_____	_____

ADJEKTIV

18 Superlativ

Skriv frågor med substantiven och adjektiven. Använd superlativ. Se exempel.

Vad tycker/tror du?

1 sport/rolig *Vilken sport är roligast* ? _____

2 maträtt/god _____ ? _____

3 kvinna/vacker _____ ? _____

4 sjö/stor _____ ? _____
   (Siljan, Storsjön, Mälaren)

5 språk/svår _____ ? _____

6 bilmärken/bra _____ ? _____

7 frukter/söt _____ ? _____

8 hund/liten _____ ? _____
   (en schäfer, en tax, en collie)

9 betyg/dålig _____ ? _____
   (G, VG, IG, MVG)

10 flod/lång _____ ? _____
   (Klarälven, Nilen, Donau)

11 byggnad/låg _____ ? _____
   (en villa, en kyrka, ett vattentorn

12 prinsessa/ung _____ ? _____
   (Victoria, Madeleine)

13 fordon/tung _____ ? _____
   (en personbil, en långtradare, en motorcykel)

14 universitet/gammal _____ ? _____
   (Lund, Uppsala, Umeå)

15 sträcka/kort _____ ? _____
   (Jönköping–Stockholm, Malmö–Stockholm)

ADJEKTIV

19 Komparativ och superlativ – motsatser

Skriv komparativ och superlativ. Se exempel.

kort	*kortare*	*kortast*	lång		
varm			kall		
låg			hög		
dyr			billig		
gammal			ung		
lätt			tung		
bred			smal		
liten			stor		

Välj rätt adjektiv och rätt form och beskriv bilderna.

Mjölken är *billigare* än juicen.
Juicen är alltså *dyrare* än mjölken.
Mjölken är *billigast*.
Juicen är alltså *dyrast*.

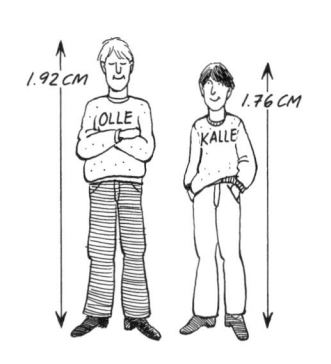

Olle är _____ än Kalle.
Kalle är alltså _____ än Olle.
Olle är _____.
Kalle är alltså _____.

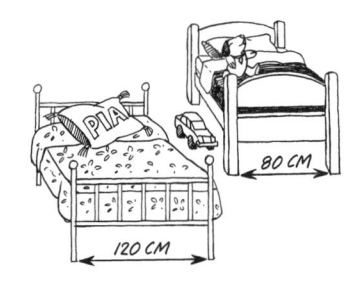

Pias säng är _____ än Jans säng.
Jans säng är alltså _____ än Pias säng.
Pias säng är _____.
Jans säng är alltså _____.

ADJEKTIV

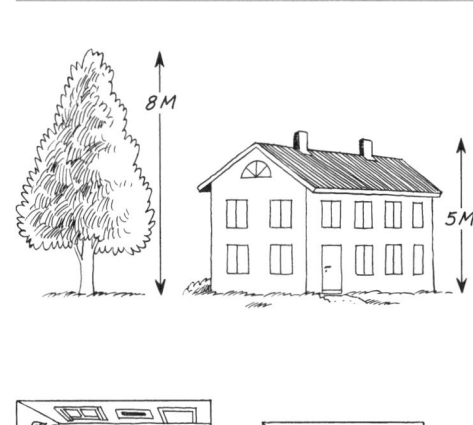

Trädet är _____ än huset.

Huset är alltså _____ än trädet.

Trädet är _____ .

Huset är alltså _____ .

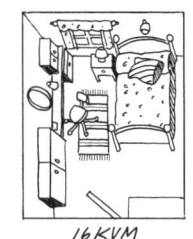

Vardagsrummet är _____ än sovrummet.

Sovrummet är alltså _____ än vardagsrummet.

Vardagsrummet är _____ .

Sovrummet är alltså _____ .

Emma är _____ än Rut.

Rut är alltså _____ än Emma.

Emma är _____ .

Rut är alltså _____ .

Väskan är _____ än paketet.

Paketet är alltså _____ än väskan.

Väskan är _____ .

Paketet är alltså _____ .

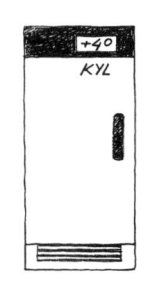

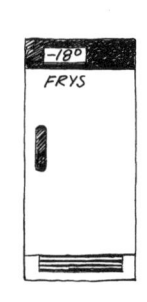

Det är _____ i kylskåpet än i frysen.

Det är alltså _____ i frysen än i kylskåpet.

Det är _____ i kylskåpet.

Det är alltså _____ i frysen.

ADJEKTIV

20 Komparativ eller superlativ?

Skriv adjektivet i komparativ eller superlativ. Se exempel.

1 *ny* Jag har många nya möbler. Bordet är ___nyast___. Jag köpte det igår.

2 *bred* – Vilken gata är _____ i den här staden? – Storgatan.

3 *lång* Sara är _____ i klassen. Hon är t.o.m. _____ än pojkarna.

4 *ung* Hanna är fem år _____ än sin man.

5 *stor* Mitt kök är mycket _____ än mitt sovrum.

6 *gammal* Morfar är tio år _____ än mormor. Han är _____ av mina släktingar.

7 *smal* Julia är _____ av flickorna i sin klass.

8 *liten* Malmö är _____ än Stockholm och Göteborg, men Malmö är

 stor _____ av alla städer i Skåne.

9 *billig* På torget är grönsakerna ofta _____ än i affärerna.

10 *dålig* – Har du läst "Firman"?

 – Ja, jag har både läst boken och sett filmen. Filmen var _____ än boken, tycker jag.

11 *bra* Erkki är _____ i historia än i geografi.

12 *låg* Buskar är _____ än de flesta träd.

13 *vacker* – Du är _____ än alla andra kvinnor. Ja, du är _____ i hela världen, sa Mattias till Camilla.

14 *stark* – Är det sant att kvinnor är _____ än män? – Nja ...

15 *mjuk* Våra nya fåtöljer är _____ än våra gamla.

16 *hög* Kaknästornet i Stockholm är _____ än Globen.

17 *bekväm* Det är _____ att åka bil än att cykla.

18 *svår* – Vilket är _____, att tala eller att skriva svenska?

 – Jag tycker att det är _____ att tala än att skriva svenska.

19 *bekväm* Sätt dig i den gamla soffan! Den är _____ än den nya.

20 *nyttig* – Vilket bröd är _____? Det mörka eller det ljusa? – Det mörka.

ADJEKTIV

21 Annat sätt att uttrycka jämförelse

Om man vill jämföra två saker/personer som är *lika* använder man:

lika + adjektiv + som...   *eller*   **lika + adjektiv i plural**

> Per är 20 år. Tomas är också 20 år.
> Per är **lika gammal som** Tomas.   Per och Tomas är **lika gamla**.
> Trädet är 10 m högt. Huset är också 10 m högt.
> Trädet är **lika högt som** huset.   Trädet och huset är **lika höga**.
> Päronen kostar 15 kr/kg. Äpplena kostar också 15 kr/kg.
> Päronen är **lika dyra som** äpplena.   Päronen och äpplena är **lika dyra**.

Gör en jämförelse mellan A och B. Skriv båda varianterna. Se exempel.

A	B
1 Peters lägenhet 110 kvm	Anders villa 110 kvm

Peters lägenhet är lika stor som Anders villa.
Peters lägenhet och Anders villa är lika stora.

2 en portfölj   20 kg   en resväska   20 kg

3 ett sovrum   18 grader   ett vardagsrum   18 grader

4 Annas säng   90 cm   Eriks soffa   90 cm

5 Johanna   1.68 cm   Hanna   1.68 cm

ADJEKTIV

22 Sök adjektiv i texten

Min syster och jag

Jag var tolv år när min syster föddes, så hon är mycket yngre än jag. Hon är kortare än jag, och hon är smalare än jag. Hon har långt, ljust hår, och jag har kort, mörkt hår. Hon har blåa ögon. Mina ögon är bruna.

Min syster är mycket duktig. Hon kan laga god mat, sjunga och måla vackra tavlor. Det kan
5 inte jag, men jag kan göra andra saker som hon inte kan. Hon bor i ett stort, gult hus på landet, och jag bor i en liten lägenhet i staden. Hon har en stor trädgård med många vackra blommor och höga, gamla fruktträd.

Min syster tycker om att städa, så det är alltid rent och fint i hennes hem. Jag tycker inte om att städa.

10 Min syster har en son. Det har jag också, men min son är mycket äldre än hennes.
Min systers man är snäll och trevlig. Min man är förstås lika snäll och trevlig som hennes man.

Min syster har en tjock, gammal hund som heter Fia. Fia har långa öron, en kort svans och korta ben. Hunden blir mycket glad när jag kommer. Jag har en grå katt som heter Sigge.
15 Han är inte så vacker, men han är mycket pigg och vill gärna leka. Han har en lång svans och långa ben, och hans ögon är gula. Sigge är nästan alltid hungrig.

Min syster har en ny, vit Saab. Hon kör bil till jobbet. Hon tycker mycket om att köra bil. Det gör inte jag. Jag cyklar till jobbet. Jag har en gammal rostig, grön cykel. Det tar inte så lång tid för mig att komma till mitt arbete, bara fem minuter. Det är bra att bo så nära
20 jobbet.

Min syster och jag träffas inte så ofta, bara på semestern, men vi ringer ofta till varandra. Då pratar vi om allt mellan himmel och jord. Det är roligt.

ADJEKTIV

Skriv de adjektiv du hittar i texten på rätt plats i schemat. Skriv sedan de former som saknas. Se exempel.

	Positiv		Komparativ	Superlativ
en	ett	plural		
			yngre	
	kort		*kortare*	
			smalare	
	långt			
	ljust			
	mörkt			
		blåa		
		bruna		
		höga		
pigg				

ADJEKTIV

_____ _____ _____   _____ _____

_____ _____ _____   _____ _____

_____ _____ _____   _____ _____

_____ _____ _____   _____ _____

_____ _____ _____   _____ _____

_____ _____ _____   _____ _____

Skrivuppgift:
Beskriv t.ex. en person, en familj, ett rum, en lägenhet, ett bostadsområde.

ADVERB

Frågande adverb

När? Var? Vart? Varifrån?

Hur? Varför?

Tidsadverb

nu, idag, igår, i morgon

i år, i fjol

Rumsadverb

här – hit, där – dit,

hem – hemma,

Satsadverb

inte, knappast

nog, väl, ju

ADVERB

1 Frågande adverb

Frågande adverb inleder frågor.

När? = vid vilken tidpunkt?	– **När** börjar du skolan? – **När** kom du till Sverige?	– Klockan åtta. – Förra året.
Var? = på vilken plats?	– **Var** bor du? – **Var** ska du äta middag idag?	– I Malmö. – På en restaurang.
Vart? = till vilken plats?	– **Vart** går du på morgonen? – **Vart** går den här bussen?	– Till skolan. – Till torget.
Varifrån? = från vilken plats?	– **Varifrån** kommer du? – **Varifrån** kommer det här vinet?	– Från Bosnien. – Från Spanien.
Hur? = på vilket sätt?	– **Hur** mår dina barn? – **Hur** smakade maten?	– Bra. – Den var god.
Varför? = av vilken anledning?	– **Varför** har du paraply? – **Varför** äter du så mycket?	– Det regnar ute. – Jag är hungrig.

ADVERB

Välj bland de frågande adverben på föregående sida. Se exempel.

1 – __Var__ ligger mina böcker? – På bordet i köket.
2 – _____ stavar du ditt namn? – J-o-r-g-e.
3 – _____ ska du åka på semestern? – Till Grekland.
4 – _____ kommer de här äpplena? – Från Tyskland.
5 – _____ dricker du så mycket vatten? – Jag är törstig.
6 – _____ kom du till Sverige? – 1995.
7 – _____ känner du dig idag? – Bättre än igår.
8 – _____ är det så varmt här i rummet? – Man kan inte öppna fönstren.
9 – _____ har du din legitimation? – I plånboken.
10 – _____ går du efter skolan? – Hem.
11 – _____ kommer Carlos? – Från Chile.
12 – _____ börjar skolan? – Kvart över åtta.
13 – _____ gör man en rulltårta? – Ingen aning. Jag kan inte baka.
14 – _____ har du dina nycklar? – I fickan.
15 – _____ vill du resa? – Till mitt hemland.
16 – _____ mår din familj? – Bra.
17 – _____ vill du inte stanna hemma i kväll? – Det är så tråkigt.
18 – _____ går buss nummer 11? – Från Centralstationen.
19 – _____ ska du gå hem? – Efter skolan.
20 – _____ köper Karin nya kläder? – Hon behöver nya kläder.
21 – _____ bor kungen? – I Stockholm.
22 – _____ kommer du till skolan? – Jag cyklar.
23 – _____ äter du middag? – Klockan fem.
24 – _____ kommer de där blommorna? – Från Portugal.
25 – _____ äter du lunch? – På jobbet.
26 – _____ köper du tandborstar? – På apoteket.
27 – _____ köper du så mycket mjölk? – Mina barn dricker mycket mjölk.
28 – _____ kan man läsa utländska tidningar? – T.ex. på biblioteket.

ADVERB

29 – _____ ska du gå? – Till doktorn.

30 – _____ kommer det här köttet? – Från Argentina.

31 – _____ hämtar du dina barn på dagis? – Klockan fyra.

32 – _____ gick det på provet igår? – Ganska bra.

33 – _____ kan man klippa sig? – Hos frisören.

34 – _____ sitter du och läser läxor? – Vid mitt skrivbord.

35 – _____ dricker du inte kaffe? – Jag har ont i magen.

36 – _____ köper du grönsaker? – På torget.

37 – _____ är läget? – Tack, bara bra.

38 – _____ ska ni flytta? – Till Umeå.

39 – _____ kommer det här vinet? – Från Australien.

40 – _____ går nästa buss? – Om tio minuter.

41 – _____ kommer man till Centralen? – Rakt fram och sedan till vänster.

42 – _____ får man röka? – I rökrummet.

43 – _____ ligger Odense? – I Danmark.

44 – _____ har du inget lexikon? – Jag har glömt det hemma.

45 – _____ går den här bussen? – Till sjukhuset.

46 – _____ står det till idag, fru Ek? – Jo tack. Det är bra.

47 – _____ brukar du göra läxan? – På kvällen.

48 – _____ kommer dina kompisar, Santos? – Från många olika länder.

49 – _____ är min rakapparat? – I badrummet.

50 – _____ sjunger Birgit? – Hon är glad.

51 – _____ ska vi träffas? – På busshållplatsen utanför Åhléns.

52 – _____ kör du inte bil? – Jag har inte något körkort.

53 – _____ har ni lagt er nya matta? – På golvet i vardagsrummet.

54 – _____ ska du gå i kväll? – Till en kompis.

55 – _____ stiger du upp? – Kvart över sex.

56 – _____ dansar Markus? – Jättebra.

57 – _____ är dina barn på dagarna? – I skolan.

2 Frågande adverb

Svara på följande frågor med hela meningar.

1 – Varifrån kommer du? – _____
2 – Var bor du nu? – _____
3 – Var bodde du när du var liten? – _____
4 – Var ligger ditt hemland? – _____
5 – Hur är vädret i ditt hemland nu? – _____
6 – Varför är du här i skolan? – _____
7 – Hur går det för dig i skolan? – _____
8 – Vart går du på lunchrasten? – _____
9 – När slutar skolan idag? – _____
10 – Vart ska du gå efter skolan? – _____
11 – Var ligger din skola? – _____
12 – Hur kommer du till skolan? – _____
13 – Varifrån kommer din lärare? – _____
14 – Var är dina kompisar nu? – _____
15 – Hur kommer du hem? – _____
16 – Var brukar du handla? – _____
17 – När brukar du titta på TV? – _____
18 – Varför tittar du på TV? – _____
19 – Hur säger man "Hej!" på ditt språk? – _____
20 – Hur känner du dig nu? – _____

ADVERB

3 Frågande adverb

Finn tio fel!

Vilka av följande frågor innehåller frågande adverb som inte är korrekta? Rätta adverben. Se exempel.

1 ~~Varifrån~~ bor din kompis? _____Var_____
2 Hur smakar de gröna äpplena? _____
3 Var bor din syster? _____
4 Varifrån kommer din kompis? _____
5 Vart kan man lära sig spanska? _____
6 Vart kan man åka för att lära sig spanska? _____
7 Var kan man lära sig spanska? _____
8 Vart arbetar du? _____
9 Varför arbetar du? _____
10 Var arbetar du? _____
11 Varifrån ligger ditt hemland? _____
12 Var ligger dina pennor? _____
13 Varför gråter du? _____
14 Varifrån gråter du? _____
15 När hänger dina tavlor? _____
16 Hur hänger dina tavlor? _____
17 Var hänger dina tavlor? _____
18 Varför cyklar du? _____
19 Vart cyklar du? _____
20 Varifrån cyklar du? _____
21 Varifrån skrattar du? _____
22 Varför skrattar du? _____
23 När somnar du? _____
24 Varför blåser det? _____
25 Varifrån blåser det? _____
26 Vart sover du? _____
27 Var sover du? _____
28 När sover du? _____
29 När städar du? _____
30 Varför städar du? _____
31 Vart städar du? _____
32 Hur städar du? _____
33 Hur ska du ha till middag idag? _____

ADVERB

4 Tidsadverb

Tidsadverb är ord som svarar på frågan **När**?

Några exempel på tidsadverb:

ännu, än	alltid
fortfarande	ofta
redan	ibland
länge	sällan
genast	aldrig
först	
sist	

dåtid	**nutid**	**framtid**
då	nu	sedan (sen)
igår	idag	i morgon
i förrgår		i övermorgon
häromdagen		
i morse		i morgon bitti
i fjol	i år	
nyss		snart, strax
förut		

ADVERB

5 Tidsadverb

Välj rätt alternativ. Se exempel.

1 Jag var på bio ____.
   a) i morgon   (b) igår   c) i övermorgon

2 Vi ska ____ börja lektionen.
   a) ännu   b) nyss   c) snart

3 Hassan kom till Sverige ____.
   a) i övermorgon   b) i fjol   c) i morgon bitti

4 Jag kom till Malmö 1972, och jag bor ____ här.
   a) redan   b) fortfarande   c) genast

5 Ring ____ hem! Din fru har något roligt att berätta.
   a) genast   b) redan   c) sällan

6 Petra ringde ____. Du ska ringa henne.
   a) strax   b) nyss   c) ännu

7 Nu jobbar Eva på socialförvaltningen. ____ jobbade hon på Amu.
   a) sällan   b) snart   c) förut

8 Vi är lediga ____. Det ska bli skönt.
   a) igår   b) i morgon   c) häromdagen

9 Kalle ska flytta ____. Han har fått en större lägenhet.
   a) länge   b) i övermorgon   c) nyss

10 Lilla Mia somnade klockan tre, och hon har inte vaknat ____. Klockan är tio nu.
   a) än   b) snart   c) redan

11 Göran slutade röka ____.
   a) i morgon   b) i övermorgon   c) i förrgår

12 Vi ska stiga upp klockan fem ____. Vårt tåg går klockan sex.
   a) i morse   b) i morgon bitti   c) häromdagen

13 ____ är det skönt att vara ute när det regnar.
   a) ibland   b) snart   c) i morse

14 Först ska vi äta, och ____ ska vi vila en liten stund.
   a) nu   b) då   c) sedan

15 Skynda dig! Taxin har ____ kommit.
   a) sällan   b) redan   c) ofta

16 Jag såg din lärare på stan ____.
   a) nu   b) häromdagen   c) snart

ADVERB

17 Väckarklockan ringde inte ____.
   a) i morse   b) i morgon   c) i morgon bitti

18 Jag har inte haft semester ____.
   a) i morgon   b) redan   c) i år

19 Vänta! Jag kommer ____.
   a) nyss   b) strax   c) ännu

20 I morse fick jag vänta ____ på bussen.
   a) genast   b) länge   c) redan

21 Vi dricker ____ öl till maten, fyra till fem gånger i veckan.
   a) aldrig   b) sällan   c) ofta

22 Jag har ____ rökt och tänker inte börja röka.
   a) alltid   b) aldrig   c) ofta

23 Susanna ringer ____ till sina kusiner, kanske bara en gång om året.
   a) alltid   b) ofta   c) sällan

24 – Kan vi inte gå på bio nu?
   – Jo, vi ska gå, men vi måste äta lite ____.
   a) fortfarande   b) först   c) nyss

25 – Var bodde du när du var liten?
   – ____ bodde jag i Västergötland.
   a) nu   b) då   c) sedan

26 Jag ska klippa mig ____.
   a) i morse   b) i morgon   c) häromdagen

27 Du behöver inte väcka Lillan. Hon är ____ vaken.
   a) genast   b) redan   c) sällan

28 Filmen "X" hade premiär ____.
   a) då   b) i morgon   c) i förrgår

29 Vi satt och pratade ____ igår kväll.
   a) ofta   b) länge   c) nyss

30 ____ ringde Ulf och berättade att han hade fått ett nytt jobb.
   a) i morgon bitti b) i morse   c) i morgon

31 Jag hörde ____ på radio att det hade hänt en olycka i centrum.
   a) strax   b) genast   c) nyss

32 Åsa ringde ____. Hon berättade att hon skulle gifta sig i sommar.
   a) häromdagen   b) i morgon   c) redan

ADVERB

6 Rumsadverb

Rumsadverb är ord som svarar på frågorna **Var? Vart? Varifrån?**

Vart?	**Var?**	**Varifrån?**
Till vilken plats?	På vilken plats?	Från vilken plats?

in	inne	inifrån
ut	ute	utifrån
hit	här	härifrån
dit	där	därifrån
upp	uppe	uppifrån
ner	nere	nerifrån
hem	hemma	hemifrån
bort	borta	bortifrån
fram	framme	framifrån

Rumsadverben står tillsammans med verb som:

gå	vara	gå
åka	finnas	åka
resa	sitta	resa
köra	stå	köra
komma	ligga	komma
flyga	sova	flyga
flytta	bo	flytta
etc.	stanna	etc.
	etc.	

Lennarts fru **går hemifrån** klockan åtta på morgonen.

Lennart **är hemma** och passar barnen.

Hans fru **kommer hem** klockan fem på eftermiddagen.

7 Rumsadverb

Välj rätt adverb. Se exempel.

1 **in**   **inne**   **inifrån**

– Kan vi inte gå ___*in*___? Jag fryser.

– Jo, det är skönare _____.

– Hör du musiken som kommer _____ vardagsrummet?

– Ja, vi går _____ och lyssnar på den.

2 **ut**   **ute**   **utifrån**

– Stäng dörren! Det drar så kallt _____.

– Ja, men då kan katten inte komma in.

– Är hon _____ nu igen?

– Ja, hon gick _____ för en liten stund sedan.

– Hon kan väl stanna _____ tills vi ropar på henne?

– Ja.

3 **hit**   **här**   **härifrån**

– Hur länge har du stått _____?

– Jag har stått _____ och väntat på dig i 30 minuter.

– Men jag skulle ju inte komma _____ förrän klockan sju.

– Nej, vi bestämde faktiskt klockan halv sju. Nu går vi _____. Jag vill inte stå _____ längre.

4 **dit**   **där**   **därifrån**

– Var ligger Folkets park?

– Jag vet inte. Jag har aldrig varit _____.

– Då måste vi gå _____. Jag ska ta reda på var den ligger.

ADVERB

– Okej, men vi måste gå _____ senast klockan nio, för jag börjar jobba klockan tio.

5 **upp   uppe   uppifrån**

– Hör du musiken som kommer _____ tredje våningen?

– Ja. Där _____ spelar de alltid musik.

– Ja, men klockan är faktiskt elva, och jag vill sova. Jag går _____ och säger till dem att sänka volymen.

– Ja, gör det! Men du, nu är det ju tyst där _____.

– Ja. Vad bra! Jag hoppas verkligen att de har slutat spela.

6 **ner   nere   nerifrån**

– Tyst! Vad är det för ljud?

– Jag vet inte. Det kommer _____ källaren. Vi måste gå _____ och titta.

– Nej, jag vågar inte. Där _____ är det så mörkt.

– Ah, kom nu så går vi _____.

– Aldrig!

7 **hem   hemma   hemifrån**

– Är du _____ på torsdag, mamma?

– Ja, jag kommer _____ klockan två.

– Kan du köra mig till träningen?

– Javisst. När ska du vara där?

– Klockan fem. Vi måste köra _____ halv fem så att jag hinner byta om.

– Ja, ja. Hur ska du komma _____ efter träningen?

– Jag vet inte. Vad gör du klockan sju?

– Hm!

ADVERB

8 **bort   borta   bortifrån**

– Oj då! Varifrån kom den bollen?

– _____ buskarna vid garaget.

– Vem kastade den?

– Det vet jag inte. Kanske var det pojken som står där _____.

– Gå _____ till honom och ge honom bollen.

– Jag vill inte gå dit _____ ensam. Kan du inte följa med, Karin?

– Jovisst.

9 **fram   framme   framifrån**

– När är tåget _____ i Stockholm?

– Jag tror att det kommer _____ halv tolv.

– Då hinner vi gå till restaurangvagnen.

– Ja. Var ligger den?

– Den ligger långt _____ i tåget, tredje vagnen räknat _____.

ADVERB

8 Satsadverb

Satsadverb är ord som bestämmer *hela* satsen, inte något speciellt ord.

Exempel på satsadverb:

> inte, knappast (knappt)
> bara
> nog, väl, ju
> tyvärr, gärna
> kanske, möjligen

Placering

I **huvudsats** *efter* gruppen subjektet – första verbet

s - v1	
v1 - s	**inte**

Eva ställer blommorna i fönstret.   *Hon ställer* **inte** blommorna på bordet.

Ställer Eva blommorna i fönstret?   *Ställer hon* **inte** blommorna på bordet?

Eva ska ställa blommorna i fönstret.   *Hon ska* **inte** ställa blommorna på bordet.

Ska Eva ställa blommorna i fönstret?   *Ska hon* **inte** ställa blommorna på bordet?

I **bisats** *mellan* subjektet och första verbet

| s | **inte** | v1 |

Jag säger att *Eva* **inte** *ställer* blommorna på bordet.

Jag undrar om *Eva* **inte** *ställer* blommorna på bordet.

Jag säger att *Eva* **inte** *ska* ställa blommorna på bordet.

Jag undrar om *Eva* **inte** *ska* ställa blommorna på bordet.

Se vidare om satsadverbet i avsnittet Ordföljd s. 239!

ADVERB

9 Satsadverb

> inte, knappast (knappt)
> bara
> nog, väl, ju
> tyvärr, gärna
> kanske, möjligen

Sätt in ett lämpligt adverb i de kursiverade satserna. Se exempel.

1 Du ser varm ut. *Du har feber.*

   Du har nog feber.

2 *Jag har glömt din bok hemma.* Du får den i morgon.

3 *Man får röka här.* Det är förbjudet.

4 *Har du en hundralapp att låna mig?* Du får tillbaka den i morgon.

5 *Jag kan se vad du har skrivit.* Det är så otydligt.

6 *Du kommer i morgon?* Det hoppas jag verkligen.

7 *Vi ska åka till Paris på semestern.* Vi bestämmer oss definitivt i morgon.

8 Idag kan jag inte följa med på bio, *men jag vill gå på bio i morgon.*

9 – Vad vill du ha att dricka?
   – Tack, *jag vill ha lite vatten.* Det räcker.

ADVERB

10 Är du redan hemma? *Jag hörde* när du kom.

11 – Kommer du på festen på lördag?
    – *Ja, jag kommer.* Det ska bli roligt.

12 *Det är bra för tänderna att äta godis.* Eller hur?

13 – Hur mycket är klockan?
    – Jag vet inte. *Jag har ingen klocka på mig.*

14 – Vad ska du göra i sommar?
    – Jag vet inte, *men jag ska åka till Norrland och vandra.*

15 – Du måste ta på dig regnkappan! *Det ösregnar.*   – Ja, ja.

16 – Hur länge stannar du i Malmö?
    – *Jag stannar två dagar den här gången,* men nästa gång stannar jag längre.

17 – *Kan du växla en femhundralapp?*
    – Javisst.

18 – Hur gick det med byxorna? Passade storleken?
    – *De var för små.* Har ni ett par i storlek 40?
    – *Nej, de är slut.*

19 Jag vet att du inte kan ha hund eller katt. *Du är allergisk mot pälsdjur.*

20 – Kan ni det här nu?   – *Ja, vi har skrivit 20 exempel.*

KONJUNKTIONER

Konjunktioner är ord som binder ihop satser eller satsdelar.
Man delar in konjunktionerna i två huvudgrupper:

– **samordnande** konjunktioner (= bindeord)
– **underordnande** konjunktioner (= bisatsinledare)

Exempel på konjunktioner:

Samordnande konjunktioner   *Underordnande konjunktioner*

och	
men	
utan	
eller	
för	
så	
både ... och	
varken ... eller	
antingen ... eller	

att	trots att
om	fastän, fast
när	även om
medan	så (...) att
innan	som
tills	än
förrän	om, ifall
därför att	
eftersom	
för att	

KONJUNKTIONER

1 Samordnande konjunktioner

Samordnande konjunktioner binder ihop satser och satsdelar av samma sort (huvudsats + huvudsats; bisats + bisats; subjekt + subjekt etc.).

| och | – uttrycker ett tillägg |

Kalle städar, och Eva vilar sig.
huvudsats   huvudsats

Kalle och Eva bor tillsammans.
subjekt   subjekt

Kalle och Eva har *en son* **och** *en dotter.*
             objekt   objekt

Eva sa *att hon var trött* **och** *att hon måste vila.*
       bisats   bisats

Kalle *diskar* **och** *städar.*
      verb   verb

Kalle putsar fönstren *i badrummet* **och** *i köket.*
                     adverbial   adverbial

| men | – uttrycker en motsättning eller en motsats |

| utan | – uttrycker en motsättning eller motsats, precis som **men**.
– används ofta när första satsen har en *negation*, t.ex. *inte, aldrig*, och när det finns en klar motsats. |

Lisa är rik **men** olycklig.
Lisa är rik, **men** hennes pojkvän är fattig.

Lisa är *inte* fattig **utan** rik. (= Lisa är inte fattig, utan hon är rik.)
Hennes pojkvän är *inte* rik **utan** fattig. (= Hennes pojkvän är inte rik, utan han är fattig.)
Åsa dricker *aldrig* te **utan** bara kaffe.(= Åsa dricker aldrig te, utan hon dricker bara kaffe.)
Erik kommer *aldrig* för att hälsa på mig **utan** bara för att tigga pengar. (= Erik kommer aldrig för att hälsa på mig, utan han kommer bara för att tigga pengar.)

| eller | – står mellan olika alternativ |

Ska du **eller** jag hämta barnen?
Vill du ha kaffe **eller** te?
Sover du **eller** är du vaken?

Obs!
Vid ovanstående konjunktioner behöver man inte upprepa subjektet och/eller verbet i den andra satsen om de är samma som i den första satsen.

KONJUNKTIONER

för	– uttrycker en förklaring (= svarar på frågan *"Varför ...?"*) – kan bara binda ihop huvudsatser

Kalle kan inte komma, **för** han är sjuk.
Stina fryser, **för** hon har bara tunna kläder på sig.
Albin sa att han inte kunde komma, **för** han var sjuk.

så	– uttrycker en slutsats (en konsekvens) – betyder *"och därför"*.

Jag har inga pengar, **så** jag kan inte betala. (... , och därför kan jag inte betala.)
Lisa mådde inte bra i morse, **så** hon stannade hemma. (... , och därför stannade hon hemma.)

både ... och	– uttrycker att *båda/alla* alternativ gäller

Både Anna **och** Karin är lärare.
Erik kan **både** sjunga **och** spela.
Jag gillar **både** kaffe **och** te.

varken ... eller	– uttrycker att *inget* alternativ gäller

Varken Emma **eller** Hanna är hemma.
Göran vill **varken** äta **eller** dricka.
Krister, som är vegetarian, äter **varken** kött **eller** fisk.

antingen ... eller	– uttrycker att *ett* av alternativen gäller

Antingen du **eller** jag måste städa.
Per ska **antingen** spela fotboll **eller** gå och simma på söndag.

KONJUNKTIONER

2 Samordnande konjunktioner

| och   men   utan   eller   för   så |

Välj bland ovanstående konjunktioner. Se exempel.

1. Nu ska vi skriva den här övningen, _och_ sedan ska vi ha paus.

2. Tage är fattig, _____ han är glad i alla fall.

3. Rita _____ Oskar ska resa till Rom på bröllopsresa.

4. – Är Peter inte på sitt rum? – Nej, han är inte där _____ i TV-rummet.

5. Mycket folk står _____ väntar vid busshållplatsen.

6. Elin har mycket svårt för matte, _____ hon måste ta privatlektioner.

7. Ulla är inte tjock, _____ hon är faktiskt ganska smal.

8. Yvonne är hungrig, _____ hon har inte ätit på hela dagen.

9. Kerstin och Ture vill gärna resa utomlands, _____ de har inga pengar.

10. Kerstin och Ture måste stanna hemma, _____ de har inga pengar.

11. Sara hade ont i en fot, _____ hon kunde inte dansa på Pias fest igår.

12. Sven har köpt en kavaj _____ ett par byxor.

13. Jag kör inte bil till jobbet, _____ jag cyklar.

14. Håkan har blivit arbetslös, _____ han måste gå till arbetsförmedlingen.

15. Anne har inte bestämt sig för om hon ska flytta till Ystad _____ bo kvar i Malmö.

16. Man kan inte bara vara inne, _____ man måste gå ut ibland.

17. – Vill du sitta i soffan _____ i fåtöljen? – Gärna hos dig i soffan.

18. Lasse har sovit hela natten, _____ han är trött i alla fall.

19. Jonas och Måns hade bara kortbyxor på sig igår, _____ det var så varmt.

20. Familjen Jönsson ska ha köttbullar _____ makaroner till middag idag.

KONJUNKTIONER

21 – Vill du ha fisk _____ kött till middag i kväll?   – Fisk, tack.

22 Jag måste ta med mig mitt paraply, _____ det blir nog regn idag.

23 Sylvia vill inte arbeta _____ bara sitta och läsa och äta choklad.

24 Sylvia har blivit ganska tjock, _____ hon äter så mycket choklad.

25 Fru Ström har inget pass, _____ hon kan inte följa med till Japan.

26 Fru Ström kan inte följa med till Japan, _____ hon har inget pass.

27 Lars vill inte åka bort på semestern, _____ han vill stanna hemma.

28 Jag måste köpa nya skor, _____ mina gamla är trasiga.

29 Emma brukar cykla _____ åka buss till arbetet. Det tar ungefär lika lång tid.

30 Mina blommor är vissna, _____ jag ska kasta dem.

31 Annikas katt har varit sjuk ett par dagar, _____ hon måste gå till veterinären med den.

32 Birgitta vill flytta till en lägenhet, _____ hennes man vill bo kvar i villan.

33 Amanda har suttit _____ läst hela natten.

34 Vi måste arbeta extra, _____ vi behöver pengar.

35 Jag vill inte stanna här, _____ jag vill gå hem.

36 – Kommer du från Iran _____ Irak?   – Från Iran.

37 Camilla vill gifta sig med Peter, _____ han vill inte gifta sig med henne.

38 Jag har försovit mig, _____ jag måste ta en taxi till jobbet för att inte komma för sent.

39 Vi gick inte ut i söndags, _____ det regnade _____ blåste hela dagen.

40 Sitt inte här inne och skriv längre, _____ gå ut i friska luften ett tag!

KONJUNKTIONER

3 Samordnande konjunktioner

både ... och   antingen ... eller   varken ... eller

Välj bland ovanstående konjunktioner. Se exempel.

1 Jörgen är inte vegetarian, så han äter __både__ kött __och__ fisk.

2 Jörgens fru är vegetarian, så hon äter _____ kött _____ fisk.

3 – Hur ska du komma till Stockholm? – Jag vet inte. Jag har inte bestämt mig än. Jag ska _____ åka tåg _____ buss.

4 Familjen Karlsson tycker om djur. De har _____ en hund _____ en katt. Hunden heter Dacke, och katten heter Missan.

5 Paula dricker gärna vin. Hon tycker om _____ rött vin _____ vitt vin.

6 Sommaren 1995 var det varmt och torrt i södra Sverige. Det regnade _____ i juli _____ i augusti.

7 Det var varmt och torrt i södra Sverige _____ sommaren 1994 _____ sommaren 1995. Det är inte så vanligt med två varma somrar efter varandra.

8 När man ska gifta sig kan man välja att göra det _____ i kyrkan _____ på rådhuset.

9 Man talar engelska _____ i England _____ i USA.

10 Herr Lindberg sitter i rullstol. Han kan _____ stå _____ gå utan hjälp.

11 – Vad har vi i läxa till i morgon? – Ni ska _____ skriva en uppsats _____ läsa en text. Ni får själva välja.

12 De här skorna passar precis. De är _____ för små _____ för stora.

13 Om man ser dåligt kan man välja att använda _____ glasögon _____ kontaktlinser.

14 Jag kan inte komma till helgen. Jag är upptagen _____ på lördag _____ på söndag.

15 Jag har _____ betalat hyran _____ elräkningen, så jag måste gå till posten. Det är sista dagen idag.

KONJUNKTIONER

4 Samordnande konjunktioner

Finn felen!

Tio av nedanstående meningar har konjunktioner som inte är korrekta. Rätta dem! Se exempel.

1. Rickard hör dåligt, så han måste skaffa sig en hörapparat. _____
2. Ove diskar, ~~utan~~ hans fru torkar disken. *och*
3. Kajsa har mycket pengar, men hon har inga vänner. _____
4. Jakob ville inte åka buss hem i natt, eller han ville ta en taxi. _____
5. Fru Blom kan inte klara sig själv, utan hon måste ha hjälp. _____
6. – Vill du gå hem, eller vill du stanna här? – Jag vill gå hem. _____
7. Jag är inte född på landet och i staden. _____
8. Linda vill aldrig gå ut men bara stanna hemma. _____
9. Torsten vill inte ha någon mat, för han är inte hungrig. _____
10. Sonja och Björn skrattade men pratade hela kvällen igår. _____
11. Yvonne och jag satt och pratade länge igår kväll. _____
12. Mattias får inte köra moped, men han är bara 13 år. _____
13. Jag ska börja jobba om fem minuter, så jag hinner inte hjälpa dig nu. _____
14. Ulrika målar och fotograferar när hon är ledig. _____
15. Ann är trött idag, för hon har varit vaken hela natten. _____
16. Maria kommer inte från Chile, så hon kommer från Bolivia. _____
17. – Vill du bo på landet eller i staden? – På landet. _____
18. Nisse kan inte komma in i bilen, men han har glömt sina nycklar. _____
19. Man ska inte cykla på trottoaren utan på cykelbanan. _____
20. – Vill du ha öl eller vin till maten? – Öl, tack. _____
21. Jag har försökt ringa till dig många gånger, men det har varit upptaget hela tiden. _____
22. Mitt tåg går om tio minuter, för jag måste skynda mig. _____
23. Det är inte skönt att gå ut idag, för det regnar och blåser. _____
24. Det är dyrt att röka, så det är inte bra för hälsan. _____
25. Martin åt två chokladkakor och en glass förra pausen. _____

KONJUNKTIONER

5 Underordnande konjunktioner

Underordnande konjunktioner inleder bisatser.

Allmänt underordnande

| att | – står ofta efter sägeverb, t.ex. *säga, svara, berätta, tycka, mena, tro* |

Kalle säger **att** han förstår allt.
Lisa berättade för mig igår **att** hon skulle flytta.
– Tycker du **att** jag ska klippa mig? – Ja.

Interrogativa

| om | – inleder indirekta frågor som inte börjar med ett frågeord |

Peter undrar **om** Sarek ligger i Sverige.
Jag skulle vilja veta **om** Kasper är gift.

Temporala

De temporala konjunktionerna uttrycker tid. *Observera **tempus**!*

när
medan
innan
tills
(inte) ... förrän   – huvudsatsen måste ha en negation, t.ex. *inte, aldrig*

När katten är borta dansar råttorna på bordet.
När jag har ätit, borstar jag tänderna.
Det hade slutat regna **när** jag gick ut i morse.

Sven sjunger ofta **medan** han duschar.
Medan fru Larsson tittade på TV igår stickade hon.

Innan barnen äter middag tvättar de händerna.
Jag låste dörren **innan** jag gick hemifrån i morse.

I natt var vi vakna **tills** solen gick upp.
Igår satt Stina och läste **tills** hon fick ont i huvudet.

Man får *inte* köra bil **förrän** man har tagit körkort.
Tom och Eva kom *inte* hem **förrän** klockan var tio igår kväll.

KONJUNKTIONER

Kausala

därför att	– svarar på frågan *"varför?"*
eftersom	– har samma betydelse och användning som *"därför att"* – måste användas *när bisatsen står före huvudsatsen* (= första ordet i meningen)

Erik stannade hemma i torsdags **därför att (eftersom)** han inte mådde bra.
Eftersom Erik inte mådde bra i torsdags stannade han hemma.

Lisa fryser **därför att (eftersom)** hon har för tunna kläder på sig.
Eftersom Lisa har för tunna kläder på sig fryser hon.

Finala

för att	– uttrycker en avsikt; en plan

Jag skriver upp alla viktiga telefonnummer **för att** inte glömma dem.
(= ... för att jag inte *ska* glömma dem.)

Per steg upp tidigt i morse **för att** inte komma för sent till tåget. (= ... för att han inte *skulle* komma för sent till tåget.)

Obs! Man behöver inte upprepa subjektet i bisatsen om det är samma som i huvudsatsen.

*Om man har en fullständig sats efter **för att** uttrycker man avsikten eller planen med **ska/skulle.***

Koncessiva

De koncessiva konjunktionerna uttrycker ett motsatsförhållande.

trots att
fastän; fast
även om

Anna har ont i huvudet **trots att (fastän)** hon har tagit huvudvärkstabletter.
Trots att (Fastän) kappan, som jag provade igår, var dyr köpte jag den.

Emma tar alltid en promenad på kvällen **även om** det regnar.
Även om jag går och lägger mig tidigt är jag trött på morgnarna.

KONJUNKTIONER

Konsekutiva

| så (...) att | – uttrycker konsekvensen (resultatet) av huvudsatsens aktivitet |

Du måste ta din medicin **så att** du blir frisk.
Gå och lägg dig **så att** du är pigg i morgon!
På cirkusen igår skrattade Oskar **så att** han fick ont i magen.

Obs! Ann är **så** *kort* **att** hon måste ha högklackade skor på sig.
Det regnar **så** *mycket* **att** vi inte kan gå ut.
Igår kväll var Martin och Lina **så** *trötta* **att** de genast somnade.

Komparativa

| som | – uttrycker jämförelse |

| än | – uttrycker jämförelse (efter bl.a. komparativ) |

Kalle är *lika* gammal **som** Per (är).
Jag kan inte springa *lika* snabbt **som** du (kan).
Linus har på sig *samma* tröja idag **som** igår. (... som han hade på sig igår.)

Mikael är *äldre* **än** Kalle och Per (är).
Du springer *snabbare* **än** jag (gör).

Konditionala

| om, ifall | – uttrycker villkor |

Jag kan hjälpa dig **om (ifall)** du vill.
Om (Ifall) det är fint väder på söndag ska vi åka till stranden.

6 Underordnande konjunktioner

Välj rätt konjunktion. Se exempel.

1 *därför att – så att – att* Anna säger ___att___ det är kallt.

2 *medan – därför att – om* Bo undrar ofta _____ jag behöver hjälp.

3 *medan – att – när* Mina barn går ut _____ de har gjort läxan.

4 *medan – som – att* Dennis lyssnar på radio _____ han lagar mat.

5 *så att – tills – innan* Eva tar på sig kappan _____ hon går ut.

6 *därför att – medan – tills* – Marie, du kan vänta här _____ jag kommer.

7 *förrän – att – än* Pelle får inte gå ut _____ han har städat sitt rum.

8 *som – än – att* Johan är äldre _____ jag.

9 *att – även om – när* Löven faller från träden _____ det är höst.

10 *därför att – så att – tills* Per bör sluta röka _____ han hostar mycket.

11 *tills – innan – eftersom* _____ Gunnar har feber måste han stanna inne.

12 *förrän – innan – om* Man måste ringa till skolan _____ man inte kan komma.

13 *trots att – som – därför att* Hanna dricker kaffe _____ hon har ont i magen.

14 *därför att – även om – tills* Jag cyklar till skolan _____ det regnar och blåser.

15 *för att – innan – om* I morse tog Mia på sig en tjock tröja _____ hon inte skulle frysa.

16 *om – så att – därför att* – Filip, du måste lägga dig tidigt _____ du är pigg i morgon.

17 *än – om – som* Jag är lika gammal _____ min kusin Axel.

18 *som – än – fastän* Stockholm är större _____ Katrineholm.

19 *som – trots att – därför att* Malin är glad _____ hon har vunnit på tips.

20 *som – medan – om* Arne skriver inte lika vackert _____ Karin.

KONJUNKTIONER

21 *som – när – än* Lasse sjunger bättre _____ jag.

22 *så att – därför att – när* Vi ska stänga dörren _____ vi inte stör dig, Ola.

23 *att – om – för att* Nisse har rest till Piteå _____ hälsa på sin bror.

24 *trots att – som – eftersom* Olle vill ha en smörgås till _____ han är mätt.

25 *fastän – om – så att* – Lukas, vi kan stanna hemma i kväll _____ du vill.

26 *trots att – tills – därför att* Jag måste tända lampan _____ det är mörkt.

27 *så att – trots att – tills* – Gustav, du måste vänta vid hållplatsen _____ jag kommer, sa mamma.

28 *tills – om – därför att* I söndags satt Paula och pluggade _____ hon fick ont i ögonen.

29 *när – tills – om* _____ min mormor var 14 år började hon arbeta.

30 *medan – därför att – innan* _____ jag somnar läser jag en stund.

31 *när – för att – trots att* Barnen i Sverige slutar grundskolan _____ de är sexton år.

32 *om – för att – när* Igår gick jag och min man på bio _____ vi hade ätit middag.

33 *eftersom – som – att* _____ Kent är ganska tjock ska han börja banta.

34 *när – trots att – medan* – Får jag låna boken _____ du har läst den? – Ja.

35 *eftersom – medan – som* Man kan inte borsta tänderna _____ man äter.

36 *eftersom – även om – om* Jag måste gå ut med hunden _____ det regnar.

37 *om – även om – trots att* – Gun, jag bjuder dig på bio _____ du hjälper mig.

38 *eftersom – som – trots att* Herr Gnidén köper aldrig några nya kläder _____ han är rik.

39 *om – att – som* Jag undrar _____ ni vill sluta skriva nu.

40 *medan – att – innan* Jag tycker _____ vi ska sluta nu.

KONJUNKTIONER

7 Underordnande konjunktioner

Välj bland nedanstående konjunktioner. Se exempel.

> tills   medan   innan   när   (inte) ... förrän

1 Jag väntar här ___*tills*___ du kommer tillbaka, Annika.

2 Man måste skala en banan _____ man äter den.

3 Holger rökte fem cigarretter _____ han talade med sin kompis i telefon.

4 _____ våra barn har somnat, är det tyst i huset.

5 Roger somnade inte _____ klockan var tre i natt.

6 Per blev glad _____ Helen kom hem igen.

7 Igår kväll var Svenssons ute i trädgården _____ det blev mörkt.

8 Herr Jansson steker kotletter _____ potatisen kokar.

9 Många barn är på dagis _____ de börjar skolan.

10 Gå inte _____ jag har kommit tillbaka! Jag måste prata med dig.

> därför att   eftersom   så (...) att   för att

1 _____ jag har ont i magen kan jag inte dricka kaffe.

2 Katarina är trött _____ hon har sovit för lite.

3 Den nya boken är _____ intressant _____ jag vill läsa ut den nu.

4 Inez måste ha glasögon _____ kunna se bra på långt håll.

5 _____ jag inte har träffat Lisas man tidigare vet jag inte hur han ser ut.

6 Teresa ska åka till England _____ lära sig engelska.

7 Läs ordentligt _____ du kan läxan till i morgon!

8 Lena är ledsen _____ hennes pojkvän ska resa bort.

9 _____ ingen vill hjälpa mig med disken måste jag diska själv.

10 I morse tog Kurt på sig ett par handskar _____ inte frysa om händerna.

KONJUNKTIONER

> att   om   som   än

1 – Vad ville Anja? – Hon frågade _____ vi ville komma hem till henne i kväll.

2 Åsa har berättat _____ hon har vunnit pengar på lotto flera gånger.

3 Beata är lika vacker _____ Kristina.

4 – Är din man yngre _____ du? – Ja, det är han.

5 I lördags kom våra gäster tidigare _____ de skulle göra.

6 Felix har på sig samma kläder idag _____ han hade igår.

7 I morse steg jag upp senare _____ jag brukar göra.

8 Paul vill veta _____ kungen får rösta.

9 Vår lärare undrar ofta _____ vi förstår de nya orden.

10 Jag tycker _____ vi ska sluta nu.

KONJUNKTIONER

8 Underordnande konjunktioner

Finn felen!

Tio av nedanstående meningar har konjunktioner som inte är korrekta. Rätta dem! Se exempel.

1. Jag går gärna med på restaurang om du bjuder mig. _____
2. Herr Wirén kör inte bil ~~så att~~ han ser dåligt. *därför att*
3. Herr Andersson arbetar trots att han är pensionär. _____
4. Jag tror att Lars talar sanning. _____
5. John har slutat kursen i ryska så att den var för svår. _____
6. Jag vet inte om min syster kommer på lördag. _____
7. Eva gick ut för en stund sedan än hon mådde illa. _____
8. Monika måste cykla till jobbet även om det regnar. _____
9. Vi brukar ta en promenad i parken om det är vackert väder. _____
10. Jag väntar här medan du kommer. _____
11. Man får inte köpa sprit på Systembolaget förrän man är 20 år. _____
12. Bo ska resa till Rom medan han är färdig med sina studier. _____
13. Eftersom jag var sen i morse tog jag en taxi till jobbet. _____
14. Sofia är så ledsen att hon sitter och gråter. _____
15. Roland snarkar så att han sover. _____
16. Tore stod och lagade mat när Britta kom hem. _____
17. Mjölk är mycket billigare som vin. _____
18. Trots att du vill ha te får du själv laga det. _____
19. Anne-Katrin har arbetat så hårt att hon har fått magsår. _____
20. Maja ska köpa de svarta skorna trots att de är dyra. _____
21. Igår frågade Ola mig som jag ville hjälpa honom med läxan. _____
22. Eftersom jag själv ska resa bort kan jag inte passa din katt. _____
23. Jag hade precis lagt mig än det ringde på dörren. _____
24. Vera sprang för att hinna med bussen i morse. _____
25. Om ni är färdiga nu får ni gå hem. _____

KONJUNKTIONER

9 Sök konjunktioner

Stryk under konjunktionerna i texten.

Några personers köpvanor

Annika: Jag köper aldrig några dyra kläder, utan jag väntar tills det blir rea. Då köper jag kläder både till mig själv och till mina barn. Till barnen köper jag nästan alltid en storlek större än de behöver, för de växer ju så fort. Jag tycker att man kan hitta fina kläder på rea. De är lika bra som andra kläder.

Birgitta: Jag tänker aldrig på priset när jag handlar. Jag tycker att kvaliteten är viktigast. Jag köper vad jag vill ha även om det är dyrt. Eftersom jag alltid köper bra kvalitet kan jag ha mina kläder länge. Jag köper faktiskt inte något förrän jag verkligen behöver det.

Carl-Erik: Jag köper varken mat eller kläder. Det gör min fru. Jag använder de kläder hon köper till mig även om jag inte tycker att de är snygga. Jag är inte alls intresserad av kläder. Naturligtvis kan det hända att några plagg inte passar. Då måste jag själv gå till affären och byta dem så att jag får rätt storlek. Innan jag gifte mig var det min mor som köpte både mat och kläder, så jag har aldrig behövt göra det själv.

Diana: Mat och andra dagligvaror måste jag förstås köpa i affären, men kläder och saker till hemmet köper jag på postorder. Jag tycker att det är bekvämt, för man kan sitta hemma och planera inköpen i lugn och ro. När jag har beställt varorna brukar jag gå och tänka på dem medan jag väntar på paketet. Det är spännande. Naturligtvis kan det hända att jag inte är nöjd med något som jag har köpt. Det kan antingen vara fel färg eller fel storlek, men man har ju rätt att returnera en vara om man inte är nöjd. Det gör jag även om det är lite besvärligt.

Emil Innan jag köper något till hemmet eller till mig själv planerar jag inköpet noga. Jag jämför priser i olika butiker för att se var jag kan köpa varan billigast. Jag vill förstås också veta om jag kan få varan på öppet köp, om jag har bytesrätt på den, hur länge garantin gäller o.s.v. Trots att jag är en medveten konsument har det hänt att jag har gjort dåliga köp.

PREPOSITIONER

Prepositioner står framför t.ex. substantivuttryck och pronomen (objektsform).
Prepositioner uttrycker en relation mellan substantivuttrycket/pronomenet och resten av satsens delar.
Prepositioner är nästan alltid obetonade.

Några rumsprepositioner

Pelle sitter *i* bilen.
Katten sitter *på* bilen.

Spindeln hänger *över* Lisa.
Musen sitter *under* Lisas säng.

Rånaren står *framför* disken.
Kassörskan sitter *bakom* disken.

Domaren springer *bland* spelarna.
Tränaren sitter *mellan* spelarna.

Katten sitter *utanför* dörren.
Hunden står *innanför* dörren.

Per ska gå *till* posten.
Lena kommer *från* posten.

PREPOSITIONER

Apoteket ligger *före* järnvägen.
Hotellet ligger *efter* järnvägen.

Eva ställer in mjölken *i* kylskåpet.
Kalle tar fram dammsugaren *ur* städskåpet.

Polisen ska svänga *åt* höger.
Ambulansen kör *mot* Stockholm.

Pizzerian ligger *till* höger *om* biografen.
Väskaffären ligger *till* vänster *om* biografen.

Tjuven går in *genom* fönstret.

Det finns ett staket *runt* trädgården.

Patrik är hemma *hos* sin flickvän.

Huset ligger *vid* sjön.

Kyrkan ligger *mittemot* banken.

PREPOSITIONER

Några tidsprepositioner

Tidpunkt	Tidslängd	Frekvens
När?	*Hur länge?*	*Hur ofta?*
om en vecka **för** en vecka **sedan**	**i** ett år **inte ... på** ett år *Hur snabbt?* **på** tio minuter	en gång **i** kvartalet i månaden i veckan i timmen i minuten i sekunden **om** dagen om dygnet om året

Dåtid (närmast före Nu)	Nutid	Framtid (närmast efter Nu)	Varje ... (eller en bestämd tid i dåtid/framtid)
i	**i**	**i**	**på**
igår i förrgår	idag	i morgon i övermorgon	
i morse		i morgon bitti	på morgonen på morgnarna
igår kväll	i kväll	i kväll	på kvällen på kvällarna
i natt	i natt	i natt	på natten på nätterna
i höstas	i höst	*OBS!* i höst, till hösten	på hösten på höstarna
i julas	i jul	i jul, till jul	på julen på jularna
i lördags		*på* lördag	på lördagar(na)

© 1996 Fasth—Kannermark • *Kopiering förbjuden*

PREPOSITIONER

1 Några rumsprepositioner

Skriv rätt preposition. Se exempel.

1. Eva går ___till___ affären.

2. Flickan håller händerna _____ ryggen.

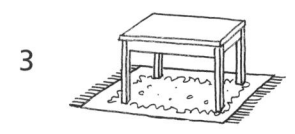

3. Mattan ligger _____ bordet.

4. Sångerskan står _____ gitarristen och pianisten.

5. Toaletten ligger _____ sovrummet.

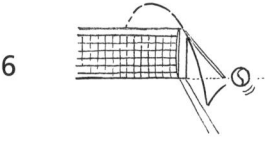

6. Tennisbollen studsar _____ linjen.

7. Patienten ligger _____ sängen.

8. Apoteket ligger _____ Systembolaget.

9. Linda tar 100 kronor _____ plånboken.

10. Tåget går _____ en tunnel.

11. Åke är _____ tandläkaren.

PREPOSITIONER

12 Det finns blommor _____ trädet.

13 Wilhelm sitter _____ bordet.

14 Vinden blåser _____ öster.

15 Lena tar ut bullarna _____ ugnen.

16 Systembolaget ligger _____ apoteket.

17 Vägen svänger först _____ höger och sedan _____ vänster.

18 Herr Ek kommer _____ Systembolaget.

19 Katarina står _____ gardinen och tittar ut.

20 Höghuset ligger _____ villorna.

21 Bollen ligger _____ staketet.

22 Erik hoppar _____ ribban.

23 Myggan sitter _____ näsan.

PREPOSITIONER

24 Damen sitter _____ pojken.

25 Gaffeln ligger _____ skedarna.

26 Fågeln sitter _____ fönstret.

27 Flygplanet flyger _____ husen.

28 Flickan sitter _____ bänken.

29 Mannen cyklar _____ affären.

30 Pojken har händerna _____ fickorna.

31 Polisstationen ligger _____ Pressbyrån.

32 Britta-Lena är _____ läkaren.

33 Tjuven går in _____ balkongdörren.

34 Elsa har ett halsband _____ halsen.

35 Busshållplatsen ligger _____ torget.

PREPOSITIONER

36. En lampa står _____ TV:n.

37. Långfingret sitter _____ pekfingret och ringfingret.

38. Katten sitter _____ fönstret.

39. Göran sitter _____ parasollet.

40. Glasen står _____ brickan.

41. Blomman står _____ fönstret.

42. Taxin kör _____ hotellet.

43. Flickan tar upp kammen _____ väskan.

44. Mannen ror _____ stranden.

45. De dansar _____ julgranen.

46. Fåglarna sitter _____ taket.

47. Lampan hänger _____ taket.

PREPOSITIONER

2 Tidsprepositioner

| i   på   om   för ... sedan |

Välj rätt preposition. Se exempel.

1. Ulla ska åka till Italien __om__ två veckor. Hon ska stanna där en månad.
   När?

2. Eva var på semester i Danmark _____ en månad _____. Det var vackert väder hela tiden.
   När?

3. Inga och Kurt har bott i Stockholm _____ två år, och de trivs bra där.
   Hur länge?

4. Jag har inte träffat min kusin Rolf _____ tre år. Jag undrar hur han har det.
   Hur länge?

5. Vi betalar elräkningen en gång _____ kvartalet.
   Hur ofta?

6. Man äter för det mesta tre gånger _____ dagen.
   Hur ofta?

7. Peter springer 100 meter _____ 12 sekunder.
   Hur snabbt?

8. Leif har arbetat på Socialförvaltningen _____ åtta år.
   Hur länge?

9. Man betalar hyran en gång _____ månaden.
   Hur ofta?

10. Kursen i engelska börjar _____ tio dagar.
    När?

11. Doktor Bergström har inte sovit _____ 36 timmar.
    Hur länge?

12. Milan kom till Sverige _____ tre år _____.
    När?

13. Äntligen kommer du! Jag har väntat på dig _____ en halvtimme.
    Hur länge?

14. Pelle röker minst en cigarrett _____ timmen.
    Hur ofta?

15. Maria lämnade Sverige _____ tre år _____.
    När?

16. Jag och mina kusiner träffas en gång _____ året.
    Hur ofta?

17. Oh, vad jag är hungrig! Jag har inte ätit _____ hela dagen.
    Hur länge?

18. Den här kursen slutar _____ en månad. Då ska vi ha fest.
    När?

19. Astrid städar en gång _____ veckan.
    Hur ofta?

20. Jag cyklar till jobbet _____ femton minuter.
    Hur snabbt?

PREPOSITIONER

3 Tidsuttryck

förra ...	denna ...	nästa ...	varje ...
			(eller en bestämd tid i dåtid/framtid)
i somras	**i** sommar	**i** sommar **till** sommaren	**på** sommaren **på** somrarna
i vintras	i vinter	i vinter till vintern	på vintern på vintrarna
i höstas	i höst	i höst till hösten	på hösten på höstarna
i våras	i vår	i vår till våren	på våren på vårarna
i julas	i jul	i jul till jul	på julen på jularna
i påskas	i påsk	i påsk till påsk	på påsken på påskarna

Välj rätt tidsuttryck. Se exempel.

1. *I vintras* var jag och några kompisar i Åre och åkte skidor en vecka.

2. – Har du ätit många ägg _____?
   – Nej, jag har gallsten, så jag bör inte äta ägg.

3. _____ kommer många turister till Västkusten för att bada.

4. _____ ska jag åka till Stockholm. Det blir nog i april.

5. _____ var våra barn på kollo i juli.

6. – Tack för den här julen!
   – Tack själv. Det har verkligen varit trevligt att ha dig här _____.

7. _____ blir träden gröna.

8. Det blir nog mycket svamp _____. Det har varit både regn och sol nu på sensommaren.

9. _____ hade jag en veckas semester i oktober.

10. _____ ska jag och mina barn bo hos släktingar i Smögen. Barnen gillar att bada i saltvatten.

PREPOSITIONER

11 Det blåser och regnar mycket i Malmö _____. Det är värst i november.

12 _____ snöade det faktiskt i slutet av april.

13 Jag och min man gav inte varandra några julklappar _____.

14 Det har varit fint väder _____, bara lite regn i början av juni.

15 _____ har det varit gott om snö i södra Sverige, så man har kunnat åka mycket skidor.

16 Jag började mitt nya jobb _____, närmare bestämt den 1 april.

17 – Vad ska ni göra _____?
    – Vi ska åka till mina föräldrar. Vi brukar fira påsk med dem.

18 _____ brukar det vara mycket snö i norra Sverige.

19 Det har regnat mycket _____. Det behövs verkligen efter den torra sommaren.

20 – Tror du att det blir mycket snö _____?
    – Ja, det hoppas jag i alla fall.

21 Man brukar äta skinka och risgrynsgröt _____.

22 – Det har verkligen varit kallt _____.
    – Ja, nu blir det väl sommar direkt.

23 _____ har många semester i juli.

24 – Ska ni vara hemma _____.
    – Nej, dagen före julafton åker vi till Kanarieöarna.

25 _____ brukar tulpaner och hyacinter blomma för fullt.

26 _____ var det 30 grader varmt i flera veckor.

27 _____ plockade jag mycket björnbär. De var mogna redan i början av september.

28 _____ är det ofta is på sjöarna.

29 _____ var jag och min fru i Stockholm. På långfredagen var vi hemma hos Anders och Britta.

30 _____ flyttar många fåglar till varmare länder.

31 _____ brukar man måla ägg.

4 Tidsuttryck

> igår kväll
> i morgon bitti
> i morse   på morgonen/morgnarna
> i natt   på natten/nätterna
> i kväll   på kvällen/kvällarna

Välj rätt tidsuttryck. Se exempel.

1 _På kvällarna_ brukar jag titta på Sportnytt, men _____ missade jag det.

2 _____ har jag sovit dåligt, så _____ måste jag lägga mig tidigt.

3 Tidningen brukar komma kl. 5.00 _____, men _____ kommer den inte alls, för då är det helgdag.

4 _____ la jag mig före klockan tio (22.00), men _____ blir det nog lite senare, för jag ska gå på födelsedagskalas.

5 _____ är det nästan alltid mörkt.

6 _____ ska jag stiga upp klockan sex (6.00).

7 _____ ringde väckarklockan klockan halv sju (6.30).

8 _____ sover de flesta.

9 _____ ska vi gå på teater.

10 _____ var jag på fotboll. Matchen var inte slut förrän halv tio (21.30).

11 _____ har jag sovmorgon. Jag börjar inte förrän klockan tio.

12 En nattsköterska jobbar _____, och slutar jobba _____.

13 Vilket väder det har varit _____! Jag har inte kunnat sova.

14 _____ har vi flextid mellan sju och nio på vårt företag.

15 _____ försov jag mig, så jag hann inte äta frukost.

16 Solen går ner _____, och då blir det ofta lite kyligt ute.

17 _____ ska Rebecca sova hos en kompis.

PREPOSITIONER

5 Tidsuttryck

*Tre veckor i Evas kalender. Det är **måndagen den 9** idag.*

1 Söndag kiosken	2 Måndag eng. konsert	3 Tisdag af. 9.00 körskola 16.00	4 Onsdag tandl. 10.00 Anna 20 år	5 Torsdag 10–16 prov matte	6 Fredag 8–12 tjejmiddag	7 Lördag tennis fm. Bio m. Sten
8 Söndag kiosken	**9 Måndag eng.**	10 Tisdag	11 Onsdag prov hist. teoriprov 17.00	12 Torsdag 10–16 tvätt	13 Fredag 8–12 frissan	14 Lördag tennis fm. disko Göteborg em.
15 Söndag kiosken mormor	16 Måndag eng.	17 Tisdag	18 Onsdag	19 Torsdag 10–16	20 Fredag 8–12	21 Lördag tennis fm.

Titta på Evas kalender. Skriv rätt tidsuttryck. Se exempel.

1. *I onsdags* fyllde Anna år.
2. _____ ska hon tvätta.
3. _____ går hon på en kurs i engelska.
4. _____ var hon på bio med Sten.
5. _____ ska hon gå på disko med Lena.
6. _____ spelar hon tennis
7. _____ hade hon prov i matte.
8. _____ jobbar hon i en kiosk.
9. _____ har hon prov i historia.
10. _____ slutar hon klockan tolv.
11. _____ övningskörde hon.
12. _____ ska hon hälsa på mormor.
13. _____ börjar hon klockan tio.
14. _____ var hon på tjejmiddag.
15. _____ ska hon åka till Göteborg.
16. _____ ska hon gå till frissan.
17. _____ var hon hos tandläkaren.
18. _____ ska hon ha teoriprov.
19. _____ var hon på arbetsförmedlingen klockan nio.
20. _____ var hon på konsert.

ORDFÖLJD

En sats består av olika satsdelar, t.ex.

subjekt *(s)*   **verb** *(v1, v2 ...)*   **objekt** *(o)*   **adverbial** *(a)*   **satsadverbial** *(x)*

Exempel på satsadverbial: *inte, knappast, bara, nog, väl, ju, gärna, tyvärr, kanske, möjligen, faktiskt* etc.

Dessa satsdelar har en speciell placering i förhållande till varandra.

I en **huvudsats** (= en sats som kan stå ensam) kan man ändra placeringen av satsdelarna och på så sätt betona en satsdel eller bilda olika typer av huvudsatser (påstående, fråga, uppmaning).

Påstående		Emil s	äter v1	inte x	frukost o	klockan 7. a
	Klockan 7 a		äter v1	han s	inte x	frukost. o	
	Frukost o		äter v1	han s	inte x		klockan 7. a
Fråga			Äter	han	inte	frukost	klockan 7?
	Varför a		äter v1	han s	inte x	frukost o	klockan 7? a
Uppmaning			Ät v1		inte x	frukost o	klockan 7! a

I en **bisats** (= en sats som inte kan stå ensam) brukar man oftast inte ändra placeringen av satsdelarna. Efter **bisatsinledaren** (*att, om, därför att* etc.) gäller följande ordföljd:

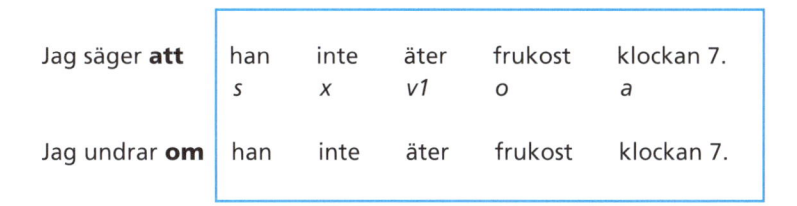

Jag säger **att**	han s	inte x	äter v1	frukost o	klockan 7. a
Jag undrar **om**	han	inte	äter	frukost	klockan 7.

Förhållandet mellan subjektet, verbet och satsadverbialet är viktigt i svenskan:

Huvudsats
Satsadverbialet står *efter* gruppen s och v1.

s	v1	
v1	s	x

Bisats
Satsadverbialets står *mellan* s och v1.

s	x	v1

OBS! På samma plats som satsadverbialet brukar man placera vissa tidsadverbial, t.ex. *alltid, aldrig, ofta, sällan, ibland, genast, redan, snart, först, fortfarande.*

ORDFÖLJD

1 Huvudsatser (påståenden)

Subjektet *(s)* och det första verbet *(v1)* står alltid tillsammans i en huvudsats. Det första verbet (= finit verb) står i presens eller preteritum.
Satsadverbialet *(x)* placerar man efter gruppen

s	v1
v1	s

x

A **Rak ordföljd** *(s + v1)*:

Karl	ställer	inte		cykeln	i garaget.
Han	ska	inte	ställa	cykeln	i garaget.
s	v1	x	v2	o	a

Objektet står före adverbialet.

B **Omvänd ordföljd** *(v1 + s)* har man om någon annan satsdel än subjektet börjar meningen:

Cykeln	**ställer**	**han**	inte		i garaget.
Cykeln	**ska**	**han**	inte	ställa	i garaget.
o					
I garaget	**ställer**	**han**	inte		cykeln.
I garaget	**ska**	**han**	inte	ställa	cykeln.
a					

Gör påståendesatser. Börja med de understrukna orden. Se exempel.

1 inte, sover, <u>Sara</u>

   Sara sover inte.

2 <u>Olle</u>, komma, ska

3 <u>Patrik</u>, godis, gillar

4 vill, <u>Anna</u>, vin, dricka, aldrig

5 alltid, <u>Lars</u>, bilen, i garaget, ställer

6 hämta, måste, <u>Peter</u>, ett paket, på posten

ORDFÖLJD

7 vi, <u>I skolan</u>, svenska, studerar

8 medicin, inte, man, köpa, kan, <u>I Pressbyrån</u>

9 i vardagsrummet, ofta, <u>Kaffe</u>, dricker, jag

10 hämta, jag, <u>Min nya bil</u>, ska, idag

11 röker, <u>Lena</u>, hemma, inte

12 i Paris, varit, har, <u>Fru Persson</u>

13 åkte, Olle, <u>Igår</u>, till Umeå

14 brukar, alltid, ägg, på påsken, äta, <u>Sten och Sara</u>

15 <u>Man</u>, deklarera, varje år, måste, sin inkomst

16 <u>Nästa år</u>, regeringen, kanske, höja, ska, skatten

17 behöver, jag, <u>På lördagar</u>, inte, läsa, läxor

18 inte, får, <u>En 18-åring</u>, sprit, på Systembolaget, köpa

19 <u>Nu</u>, du, nog inte, skriva, fler exempel, vill

ORDFÖLJD

Objektet *(o)* och **adverbialet** *(a)* kan också bestå av en hel sats med subjekt, verb osv. En sådan sats kallas **bisats**.

> *Jämför:*
> Kalle kom **klockan två**.   **Klockan två** kom Kalle.
>   a   a
> Kalle kom **när klockan var två**. **När klockan var två** kom Kalle.
>   a-bisats   a-bisats
>
> Han säger: "**Det är vackert väder**."   – **Det är vackert väder**, säger han.
>   o   o
> Han säger **att det är vackert väder**.
>   o-bisats

Skriv orden i rätt ordning i huvudsatsen.

1 <u>Eftersom det är vackert väder</u> ut, jag, gå, ska

_____

2 <u>När jag har läst läxan</u> ofta, tittar, på TV, jag

_____

3 <u>Innan jag går hemifrån</u> jag, spisen, kolla, brukar

_____

4 <u>Medan Eva var i stan</u> det, började, brinna, i hennes hus

_____

5 <u>Om man är mycket sjuk</u> inte, kan, man, till jobbet, gå

_____

6 <u>Trots att det regnade igår</u> jag och min man, i parken, en lång promenad, tog

_____

7 <u>Eftersom bensinen är slut i bilen</u> tanka, jag, måste

_____

8 <u>Om det är kallt ute</u> varma kläder, man, ha, måste

_____

9 <u>Eftersom jag har glömt Olles telefonnummer</u> inte, kan, nu, ringa, jag, honom

_____

ORDFÖLJD

2 Huvudsatser (frågor)

Frågor som man svarar **ja**, **jo**, **nej** på har omvänd ordföljd *(v1 + s)*:

Ställer	**han**	inte		cykeln	i garaget?
Ska	**han**	inte	ställa	cykeln	i garaget?
v1	s	x	v2	o	a

Frågeordsfrågor har samma ordföljd som påståendesatser:

	Vem	**ställer**	alltid		cykeln	i garaget?
	s	v1	x		o	a
Vad	**ställer**	han	alltid			i garaget?
Var	**ställer**	han	alltid		cykeln?	
o/a	v1	s	x		o	

Gör frågesatser. Börja med de understrukna orden. Se exempel.

1 – Greta, ofta, Ringer   – Ja, det gör hon.

Ringer Greta ofta?

2 – du, redan, gå, Ska   – Ja, det ska jag.

3 – Per, cigarr, Röker   – Nej, det gör han inte.

4 – du, Vill, ha, en smörgås, inte   – Jo tack, gärna.

5 – du, Läser, tidningen, på morgonen, aldrig   – Jo, det gör jag.

6 – din bil, jag, låna, Får   – Javisst.

7 – nyheterna, du, hört, inte, Har, idag   – Jo, det har jag.

8 – Martin, på sjukhuset, jobbat, Har, alltid   – Nej.

ORDFÖLJD

9 – alltid, du, på fredagarna, <u>Städar</u> — Nej, det gör jag inte.

10 – ofta, du, <u>Brukar</u>, äta, pizza — Nej, inte så ofta.

11 – du, svenska, tala, aldrig, på jobbet, <u>Behöver</u> — Jo, det måste jag.

12 – du, möjligen, mig, hjälpa, i kväll, <u>Kan</u> — Javisst.

13 – du, läst, idag, <u>Har</u>, tidningen — Ja, naturligtvis.

14 – du, lite kaffe, ha, <u>Vill</u>, nu — Ja tack, gärna.

15 – köper, du, <u>Var</u>, mat — I min närbutik.

16 – ni, <u>Vart</u>, flytta, ska — Till Luleå.

17 – läxan, <u>När</u>, du, läser — På morgonen.

18 – du, <u>Hur</u>, ägget, ha, vill — Löskokt.

19 – du, inte, <u>Varför</u>, röka, slutar — Jag kan inte.

20 – aldrig, du, passa, kan, tiden, <u>Varför</u> — Jag vet inte.

21 – i din väska, <u>Vad</u>, du, har — Böcker.

ORDFÖLJD

22 – i framtiden, hända, <u>Vad</u>, kommer att — – Det är svårt att säga.

23 – du, ska, <u>Vem</u>, träffa, idag — – Madeleine.

24 – bordet, duka, <u>Vem</u>, vill — – Inte jag.

25 – bör, <u>Vilket språk</u>, tala, man, kunna, i Japan — – Japanska, förstås.

26 – är, snabbast, <u>Vilken bil</u> — – Det vet jag inte.

27 – ska, skriva, till i morgon, <u>Vilka övningar</u>, vi — – De som finns på sidan 50.

28 – kommer, man, <u>Hur</u>, till stationen — – Med 35:an.

29 – på din födelsedagsfest, ska, bjuda, du, <u>Hur många</u> — – Tio personer.

30 – du, tala, kan, <u>Hur många språk</u> — – Tre.

31 – den här boken, <u>Hur mycket</u>, på rea, kostar — – 98 kronor.

32 – ska, köpa, jag, <u>Hur mycket bröd</u> — – Två limpor.

33 – gå, <u>Hur ofta</u>, du, på bio, brukar — – En gång i månaden.

34 – du, idag, jobba, <u>Hur länge</u>, ska — – Till klockan sju.

ORDFÖLJD

3 Huvudsatser (uppmaningar)

Uppmaningssatser börjar med ett verb och har inget subjekt. Man använder verbets imperativform till en eller flera personer.

Gör uppmaningssatser. Börja med det understrukna ordet. Se exempel.

1 inte, det här vattnet, Drick

Drick inte det här vattnet!

2 Oskar, inte, i morgon bitti, Väck

3 röka, Börja, aldrig

4 inte, mig, Försök, den 1 april, lura

5 i naturen, inte, skräp, Släng

6 aldrig, under madrassen, Göm, pengarna

7 på skrivbordet, mina papper, inte, Rör

8 Stör, grannarna, aldrig, på natten

9 hjälpa, Försök, dina kamrater, i skolan

10 inte, Lek, med elden

11 inte, ditt paraply, i bilen, Glöm

ORDFÖLJD

4 Huvudsatser

Skriv färdigt meningarna. Sätt ut punkt, frågetecken eller utropstecken. Se exempel.

1 Jag *ska hämta barnen klockan tre.*

2 Vi _____

3 Min mormor _____

4 Min bostad _____

5 På torget _____

6 På apoteket _____

7 På söndagar _____

8 På lördag kväll _____

9 Kommer _____

10 Spelar _____

11 Drick _____

12 Ät _____

13 Vill _____

14 Kan _____

15 Ska _____

16 Måste _____

17 Har _____

18 Varför _____

19 När _____

20 Hur _____

21 Var _____

22 Varifrån _____

© 1996 Fasth—Kannermark • *Kopiering förbjuden*

ORDFÖLJD

23 Kungen och drottningen _____

24 Gunnars katt _____

25 Familjen Persson _____

26 Nyheterna på TV _____

27 Polisstationen _____

28 I Stockholm _____

29 På mitt köksbord _____

30 I lördags _____

31 Igår _____

32 Förra året _____

33 Hörde _____

34 Lagade _____

35 Väckte _____

36 Tittade _____

37 Fick _____

38 Ska _____

39 Måste _____

40 Har _____

41 Vill _____

42 Kan _____

43 Vart _____

44 Vad _____

45 Vem _____

46 Hur _____

ORDFÖLJD

5 Huvudsatser

Skriv färdigt meningarna. Se exempel.

1. Erik har ingen mat hemma, så *han måste gå och handla.*
2. Jag måste gå hem, för _____
3. Det är varmt idag, men _____
4. Jag vill inte stiga upp tidigt, utan _____
5. Mikael ska resa till Frankrike, och _____
6. Fru Svensson vill inte gå ut, för _____
7. Jag vill gärna hjälpa dig, men _____
8. Ska du gå hem, eller _____
9. Fredrik talar inte spanska, men _____
10. Anna kan inte arbeta, för _____
11. Det regnar, men _____
12. Herr Månsson är inte alls fattig, utan _____
13. Gunilla vaknade för sent igår, så _____
14. Lena är glad, för _____
15. Jag har mycket att göra i kväll, så _____
16. Vill du gå ut och dansa, eller _____
17. På sommaren skiner solen, och _____
18. I Sverige har vi en kung, och _____
19. På vintern är det kallt, och _____
20. I Göteborg hade man VM i friidrott 1995, och _____

ORDFÖLJD

6 Bisatser

En bisats är en satsdel eller en bestämning till en satsdel. En bisats kan inte stå ensam utan måste kopplas ihop med andra satsdelar.

... att han skulle komma.
... som är ny.

... när jag är sjuk.
... där min mormor bor.

Dessa satser betyder ingenting om de inte är kopplade till andra satsdelar.

Martin sa **att han skulle komma.**
objekt

Jag stannar hemma **när jag är sjuk.**
adverbial

Jag har en klocka **som är ny**.
bestämning

Jag ska åka till Kalmar **där min mormor bor**.
bestämning

En bisats börjar med en **bisatsinledare** som kan vara:

Underordnande konjunktion, t.ex.	*Frågeord, t.ex.*	*Relativt pronomen eller adverb, t.ex.*
att, om	när	som
därför att, eftersom	var, vart, varifrån	där
innan, medan, när	hur	
om, ifall	varför	
trots att	vad, vem	

Mats kokar kaffe **innan han tittar på TV**.
Kalle går till jobbet **när han har ätit frukost**.

Jag ska åka och bada i morgon **om det är vackert väder**.
Jag ska ta en promenad **trots att det regnar**.

– Har du läst boken **som du fick av mig**? – Ja.
Tomas bor i en stad **där det finns många parker**.

Jag ska fråga min syster **om hon kanske kan hjälpa mig i morgon**.
– Vet du **varför Per inte har kommit**? – Nej, det vet jag inte.

Efter bisatsinledaren har vi **rak ordföljd** *(s + v1)*:

bisatsinledare +	s	x	v1	v2 ...	o	a
Ulf säger att	Sara	inte	vill	lämna	boken	idag.

Satsadverbialet står *mellan* subjektet och det första verbet.

7 Bisatser

Skriv bisatsens satsdelar i rätt ordning. Sätt ut punkt eller frågetecken. Se exempel.

1 Jag tror att *den nya filmen är bra.*
   bra, den nya filmen, är

2 Jag undrar om _____
   äter, bara, Maria, fisk

3 Jag skulle vilja veta när _____
   fyller år, Kalle

4 Vet du var _____
   min bok, Pelle, lagt, har

5 Vet du vart _____
   har, Olle, gått

6 Jag skulle vilja veta varifrån _____
   Ali, kommer

7 Kan du säga mig varför _____
   inte, har, Karin, ringt, idag

8 Vet du hur _____
   gör, man, pannkakor

9 Vet du vad _____
   Joakim, köpt, till middag, har

10 Vet du vem _____
   Kajsa, på fritiden, träffa, brukar

11 Vet du hur länge _____
   ska, Patrik, här, stanna

12 Vet du hur ofta _____
   går, den här bussen, till Centralen

ORDFÖLJD

13 Bengt har slutat röka därför att _____
                                       hostat, han, länge, har

14 Bosse gick till jobbet i morse trots att _____
                                       hade, 38,5 i feber, han

15 Jag måste handla innan _____
                                       tar, jag, bussen, hem

16 Lars läser tidningen medan _____
                                       äter, frukost, han

17 Jag och Ove ska gå på bio när _____
                                     har, vi, middag, ätit

18 Du kan väl ringa mig om _____
                                   kan, inte, du, i morgon, komma

19 Såg du filmen som _____
                                   man, igår, visade, på TV

20 Jag vill åka till ett land där _____
                                   alltid, varmt, det, är

21 Eva är arg därför att _____
                                   inte, hennes man, lagat, middag, har

22 Man bör kontakta en reparatör om _____
                                   fungerar, inte, tvättmaskinen

23 Jag tog en lång promenad igår trots att _____
                                   regnade, det, hela dagen

24 Ulla var tvungen att kontakta Per eftersom _____
                                   han, hade, ringt, inte

25 Du kan få spagetti och köttfärssås om _____
                                   vill, du, ha, inte, fisk

ORDFÖLJD

8 Relativa bisatser

(Se även relativa pronomen s. 156!)

Som och **där** är bisatsinledare och syftar tillbaka på föregående ord.
Som kan vara både subjekt och objekt **Som** syftar tillbaka på personer och saker.
Där syftar tillbaka på plats.

– Vill du ge mig boken **som** ligger där borta? – Javisst.
                                  s

– Vad heter mannen **som** vi ofta möter i trappan? – Det vet jag inte.
                                  o

– Finns det någon ledig plats **där** jag kan sätta mig? – Nej, tyvärr.
                                  a

Skriv bisatsens satsdelar i rätt ordning. Sätt ut punkt, frågetecken eller utropstecken. Se exempel.

1 Vems är katten som *alltid kommer hit?*
                               alltid, kommer, hit

2 Idag ska vi ha en sådan fisksoppa som _____
                                    mormor, lagade, ofta, förr i tiden

3 Där borta står en polis som _____
                              kanske, kan, hjälpa, dig

4 Glöm inte att hämta jackan som _____
                                du, lämnat, på kemtvätten, har

5 Jag känner en svensk flicka som _____
                                kan, tala, faktiskt, både kinesiska och arabiska

6 Har du talat med mannen som _____
                              igår, dig, sökte

7 I kväll visar man en film som _____
                              vill, jag, se, gärna

8 Här har jag en tablett som _____
                            kanske, kunna, ta bort, skulle, din huvudvärk

9 Finns det någon kiosk där _____
                          kan, man, filmrullar, köpa

ORDFÖLJD

10 Vet du något ställe där _____
                          plocka, man, kan, svamp

11 Vet du någon plats där _____
                          studera, man, i lugn och ro, kan

12 Känner du till någon affär där _____
                          billiga möbler, kan, köpa, man

13 Vet du någon restaurang där _____
                          man, iransk mat, äta, kan

14 Känner du till någon lokal där _____
                          man, ordna, kan, privata fester

15 Känner du till något diskotek där _____
                          inte, man, får, sprit, dricka

16 Jag skulle vilja gå på en kurs där _____
                          man, lära sig, kan, att sy kläder

17 Jag skulle vilja bo i en stad där _____
                          finns, det, många jazzklubbar

18 Känner du till någon parkeringsplats där _____
                          min bil, stå, en vecka, kan

19 Jag skulle vilja semestra på en ö där _____
                          inte, det, många turister, finns

20 Vet du någon affär där _____
                          möjligen, jag, kunna, skulle, hyra, en cykel

ORDFÖLJD

9 Bisatser (indirekt tal)

Som bisatsinledare använder man:

att	ofta efter sägeverb t.ex. *säga, berätta, tycka, tro, svara.*	Eva säger **att** filmen är bra. Gun har berättat **att** hon ska flytta.
om	i indirekta frågor som inte börjar med ett frågeord	Ulf frågar **om** den nya filmen är bra.
frågeord	i indirekta frågor som börjar med ett frågeord	Jag undrar **var** min katt är. – Vet du **när** Olle kommer? – Nej.

Gör egna bisatser. Se exempel. Sätt ut kommatecken, frågetecken eller utropstecken.

1 Jag tycker att *det är kallt här.*

2 Jag tror att _____

3 Finansministern säger att _____

4 Var snäll och meddela chefen att _____

5 Jag tror inte att _____

6 Jag tycker inte att _____

7 Jag undrar verkligen om _____

8 Vet du om _____

9 Jag skulle vilja veta om _____

10 Min lärare frågar alltid om _____

11 Vet du när _____

12 Jag undrar var _____

13 Jag skulle vilja veta hur _____

14 Jag måste fråga någon vart _____

15 Vet du varifrån _____

16 Kan du säga mig varför _____

17 Jag undrar hur länge _____

18 Vet du hur ofta _____

19 Vet du hur dags _____

20 Vet du hur gammal _____

© 1996 Fasth—Kannermark • *Kopiering förbjuden*

ORDFÖLJD

10 Bisatser + huvudsatser

Om man börjar med bisatsen (= objekt, adverbial) måste *v1* komma **före** *s i huvudsatsen*.

Eftersom solen skiner idag + **vill** jag åka till stranden.
a-bisats   *v1*   *s*

Skriv satsdelarna i rätt ordning. Börja med de understrukna orden. Se exempel.

1 middag, åt, <u>Medan</u>, vi   +   telefonen, flera gånger, ringde

Medan vi åt middag ringde telefonen flera gånger.

2 läraren, <u>Innan</u>, kommer   +   jag, med mina kamrater, pratar

3 jag, <u>När</u>, läxan, har, gjort   +   kanske, ska, gå på bio, jag

4 till Lund, <u>När</u>, hade, Nisse, kommit   +   han, direkt, gick, till universitetet

5 du, vill, <u>Om</u>, den här kursen, fortsätta, inte   +   du, nog, tala, med läraren, måste

6 tjänar, man, <u>Om</u>, pengar   +   måste, man, inkomsten, deklarera

7 solen, <u>Trots att</u>, sken, i lördags   +   Ida, inte, ville, gå ut

8 har, <u>Eftersom</u>, inte, jag, körkort   +   inte, jag, bil, köra, får

9 jag, åker hem, <u>Innan</u>   +   köpa, ska, en kvällstidning, jag

10 klockan, <u>Eftersom</u>, mycket, är   +   faktiskt, måste, jag, skynda mig

ORDFÖLJD

11 min man, Medan, städar + jag, lite, vila mig, kan

12 det, blir, När, sommar + ha, jag, en lång semester, ska

13 vi, lärt oss, har, svenska, När + klara oss, bättre, vi, kan, i Sverige

14 jag, kan, inte, Om, somna + brukar, jag, korsord, lösa

15 det, Eftersom, kallt, ute, är + du, måste, vantar, ta på dig

16 solen, skiner, Trots att + det, inte, varmt, ute, är

17 Innan, går hem, vi, idag + lämna, vi, våra uppsatser, måste

18 vi, badade, i havet, Medan + plötsligt, började, regna, det

19 du, betalat, bilen har, När + du, spara, kan, lite, varje månad

20 Åsa, När, tagit, penicillin, i en vecka, hade + hon, mycket bättre, kände, sig

21 du, har, När, fisken, ätit upp + få, ska, du, glass och jordgubbar

22 filmen, Eftersom, bra, var + jag, ska, se, nog, den, en gång till

23 du, Om, öva, mer, vill + kan, göra, en datorövning, du, kanske

ORDFÖLJD

11 Huvudsatser och bisatser

Skriv färdigt meningarna. Se exempel.

1 Eftersom Karin var arbetslös *måste hon gå till arbetsförmedlingen*.
2 *Anne och Julio var hungriga* när de kom hem från skolan.
3 _____ medan vi var på semester.
4 Jag undrar om _____.
5 Ingemar skulle precis gå ut när _____.
6 Lisa har flyttat till en lägenhet som _____.
7 Monika säger att _____.
8 _____ om du inte kan komma.
9 _____ innan hon går hemifrån.
10 Medan Per lagar mat _____.
11 _____ därför att det regnar och blåser.
12 Jag skulle vilja veta om _____.
13 _____ förrän Stina har kommit hem.
14 _____ tills jag kommer tillbaka.
15 Även om det är dåligt väder _____.
16 _____ trots att han inte vill göra det.
17 Familjen Håkansson har tre stora hundar som _____.
18 _____ därför att de inte hade några pengar.
19 När våra barn har somnat _____.
20 _____ om du kommer.
21 _____ när vi har ätit middag.
22 Trots att Gunnar inte mådde bra _____.
23 _____ innan jag kom till Sverige.
24 Finns det något konditori där _____?
25 Eftersom klockan är mycket _____.
26 Kan du säga mig hur dags _____?
27 _____ tills solen gick ner.
28 Jag undrar varför _____.

ORDFÖLJD

12 Huvudsatser och bisatser

Finn felen!

I den här texten finns det 20 fel. Felen gäller subjektet, första verbet och satsadverbialet. Försök hitta de 20 felen och korrigera dem. Motivera också varför du korrigerar.

Den utflykten glömmer jag aldrig

– Pappa, hjälp! Ta bort dem! Ta bort dem!

– Släpp korgen! Släpp korgen! Jag kommer. Jag kommer.

Hundratals getingar jagar mig ute på en äng, och jag försöker springa ifrån dem. Hela tiden surrar de runt omkring mig eftersom de vill ha mina hallon.

5 – Släpp korgen! hör jag igen, men jag håller den krampaktigt kvar i handen, för den är full av bär som jag har plockat till mamma. I kväll ska vi ju koka hallonsylt, mammas goda hallonsylt som brukar vi ha till pannkakorna.

Nu känner jag getingarna i håret, i nacken, under tröjan, runt handen och runt munnen. Tvi! Tvi! Naturligtvis sätter de sig runt munnen, för den är ju röd av de hallon som jag har ätit
10 under eftermiddagen.

– Usch! Pappa, hjälp! skriker jag hysteriskt.

Äntligen kommer pappa i fatt mig. Försiktigt tar han korgen ifrån mig och går och ställer den en bit från oss medan getingarna börjar jaga honom i stället. Puh! Äntligen borta! Nej,

© 1996 Fasth—Kannermark • *Kopiering förbjuden*

ORDFÖLJD

de är inte borta, inte alla, för många sitter kvar lite överallt på mig. Många har fastnat i mitt långa, ljusa hår. När pappa kommer tillbaka han försöker ta bort dem medan jag gallskriker. Tycker att de sticker mig överallt. Jag inte slutar skrika förrän han säger att alla är borta.

Detta händer en solig sommardag när är jag sju år. Pappa och jag är på hallonplockning,
5 och vi har det jättemysigt. Vi står i ett dike. På buskarna det finns massor av hallon, och äter jag nästan lika många som jag lägger i korgen. Pappa skojar med mig och säger att den röda munnen är så vacker till mitt ljusa hår. Plötsligt jag får syn på några stora, röda hallon en bit in i snåret, så jag tar ett stort steg för att nå dem. Det är då det händer. Trampar jag rakt in i ett getingbo, och snabbt har jag en svärm av getingar omkring mig. Sedan får pappa inte
10 plocka hallon längre, utan får han börja plocka getingar i stället.

Innan sätter vi oss på våra cyklar kastar jag en blick bort mot min hallonkorg. Den är alldeles brun av getingar. Pappa lovar att köpa en ny bärkorg åt mig så att vi kan åka ut och plocka bär fler gånger, men just då tänker jag att jag ska aldrig plocka hallon mer.

Vi cyklar till ett kafé i närheten. Där jobbar en tant som vi känner. Hon är jättesnäll. Efter-
15 som ser jag ledsen ut undrar hon vad som har hänt. Jag försöker berätta och just som jag håller på att göra det hör jag en geting som surrar. Jag gallskriker.

– Lugna dig, lugna dig flicka lilla! tanten säger. Den inte vill ha dig, utan bara mina kakor.

Även om jag försöker lugna mig jag känner att jag är stel som en pinne i hela kroppen. Sedan undersöker tanten mig precis som en läkare, och ser hon att jag har många geting-
20 stick. Hon tar fram en flaska sodavatten ur ett skåp, och med en bomullstuss, som hon har doppat i sodavattnet, baddar hon alla sticken. Det känns jätteskönt!

– Jag hoppas att känns bättre nu, säger hon, men ni måste lova mig att gå till doktorn när kommer ni hem. Han måste kanske ge dig någon medicin för att du ska inte bli sjuk.

– Vi lovar! säger pappa och jag i munnen på varandra. Tack så mycket!

25 Skräcken för getingar har jag fortfarande kvar. Jag får rysningar i hela kroppen så fort jag hör en geting. Varje gång försöker jag skärpa mig och tänka:

– Om du inte rör getingen så rör den inte dig, bara "dina hallon".

Starka verb (efter avljudsserier)

Infinitiv	Imperativ	Presens	Preteritum	Supinum
i			**a**	**u**
binda	bind!	binder	band	bundit
brinna	brinn!	brinner	brann	brunnit
brista	brist!	brister	brast	brustit
dricka	drick!	dricker	drack	druckit
finna	finn!	finner	fann	funnit
finnas	–	finns	fanns	funnits
försvinna	försvinn!	försvinner	försvann	försvunnit
hinna	–	hinner	hann	hunnit
rinna	rinn!	rinner	rann	runnit
sitta	sitt!	sitter	satt	suttit
slippa	slipp!	slipper	slapp	sluppit
spricka	sprick!	spricker	sprack	spruckit
springa	spring!	springer	sprang	sprungit
sticka	stick!	sticker	stack	stuckit
vinna	vinn!	vinner	vann	vunnit
i			**e**	**i**
bita	bit!	biter	bet	bitit
bli(va)	bli!	blir	blev	blivit
driva	driv!	driver	drev	drivit
glida	glid!	glider	gled	glidit
gnida	gnid!	gnider	gned	gnidit
gripa	grip!	griper	grep	gripit
kliva	kliv!	kliver	klev	klivit
lida	lid!	lider	led	lidit
rida	rid!	rider	red	ridit
riva	riv!	river	rev	rivit
skina	skin!	skiner	sken	skinit
skrika	skrik!	skriker	skrek	skrikit
skriva	skriv!	skriver	skrev	skrivit
slita	slit!	sliter	slet	slitit
smita	smit!	smiter	smet	smitit
stiga	stig!	stiger	steg	stigit
strida	strid!	strider	stred	stridit
svida	–	svider	sved	svidit
svika	svik!	sviker	svek	svikit
tiga	tig!	tiger	teg	tigit
vrida	vrid!	vrider	vred	vridit
u			**ö**	**u**
bjuda	bjud!	bjuder	bjöd	bjudit
hugga	hugg!	hugger	högg	huggit
ljuga	ljug!	ljuger	ljög	ljugit
njuta	njut!	njuter	njöt	njutit
sjuda	sjud!	sjuder	sjöd	sjudit
sjunga	sjung!	sjunger	sjöng	sjungit
sjunka	sjunk!	sjunker	sjönk	sjunkit
skjuta	skjut!	skjuter	sköt	skjutit
suga	sug!	suger	sög	sugit
supa	sup!	super	söp	supit
tjuta	tjut!	tjuter	tjöt	tjutit

© 1996 Fasth—Kannermark • *Kopiering förbjuden*

Infinitiv	Imperativ	Presens	Preteritum	Supinum
y			**ö**	**u**
bryta	bryt!	bryter	bröt	brutit
flyga	flyg!	flyger	flög	flugit
flyta	flyt!	flyter	flöt	flutit
frysa	frys!	fryser	frös	frusit
knyta	knyt!	knyter	knöt	knutit
krypa	kryp!	kryper	kröp	krupit
ryta	ryt!	ryter	röt	rutit
skryta	skryt!	skryter	skröt	skrutit
smyga	smyg!	smyger	smög	smugit
snyta	snyt!	snyter	snöt	snutit
stryka	stryk!	stryker	strök	strukit
a/å			**o**	**a**
dra(ga)	dra!	drar	drog	dragit
fara	far!	far	for	farit
ta(ga)	ta!	tar	tog	tagit
slå	slå!	slår	slog	slagit
ä			**a/o**	**u**
bära	bär!	bär	bar	burit
skära	skär!	skär	skar	skurit
stjäla	stjäl!	stjäl	stal	stulit
svära	svär!	svär	svor	svurit
å			**ä**	**å**
gråta	gråt!	gråter	grät	gråtit
låta	låt!	låter	lät	låtit
ä			**å**	**ä**
äta	ät!	äter	åt	ätit
a/å			**ö**	**a/å**
falla	fall!	faller	föll	fallit
hålla	håll!	håller	höll	hållit
i			**a**	**i**
giva	giv!	giver	gav	givit
(= ge	ge!	ger	gav	gett)
o			**o**	**o**
komma	kom!	kommer	kom	kommit
sova	sov!	sover	sov	sovit
a			**a**	**a**
vara	var!	är	var	varit

Obs! Listan är inte komplett.

Oregelbundna verb

Infinitiv	Imperativ	Presens	Preteritum	Supinum
be(dja)	be!	ber	bad	bett
ge	ge!	ger	gav	gett
dö	dö!	dör	dog	dött
få	–	får	fick	fått
gå	gå!	går	gick	gått
le	le!	ler	log	lett
se	se!	ser	såg	sett
stå	stå!	står	stod	stått
ha	ha!	har	hade	haft
–	–	måste	måste	måst
heta	–	heter	hette	hetat
kunna	–	kan	kunde	kunnat
leva	lev!	lever	levde	levat/levt
ligga	ligg!	ligger	låg	legat
skola	–	ska(ll)	skulle	skolat
vilja	–	vill	ville	velat
veta	vet!	vet	visste	vetat